ペトロ文庫

教皇フランシスコ

ガラテヤの信徒への手紙・聖ヨセフ

―教皇講話集―

JN149670

カトリック中央協議会

目　次

はじめに……8

ガラテヤの信徒への手紙

はじめに……14
真の使徒であるパウロ……20

福音はただ一つ……………………25
モーセの律法……………………31
律法の基礎課程としての意義……………………37
律法の危険性……………………43
物分かりの悪いガラテヤの人たち……………………49
わたしたちは神の子……………………56
信じて生きるということ……………………63
キリストはわたしたちを自由の身にしてくださった……………………70

キリスト者の自由、解放の普遍のパン種……76
愛の行いで実現される自由……82
霊の結ぶ実……89
聖霊の導きに従って歩みなさい……95
倦まずたゆまず歩む……100

聖ヨセフ

聖ヨセフとその暮らし……108

救いの歴史における聖ヨセフ……115
正しい人、マリアのいいなずけ……120
沈黙の人……128
迫害下の勇気ある移住者……135
イエスの養父……141
大　工……148
優しい父……154
夢を見る人……162

聖徒の交わり……168
よい死の保護者……176
普遍教会の保護者……183

本書は文庫オリジナルです。

文中、聖書の引用は原則として日本聖書協会『聖書　新共同訳』（二〇二三年版）を使用しました。ただし、漢字・仮名の表記は本文に合わせています。他の引用につきましても、用字等、一部変更を加えた箇所があることをお断りいたします。

はじめに

本書は、教皇フランシスコが行った二つのテーマの一般謁見連続講話を一冊にまとめたものです。「ガラテヤの信徒への手紙」をテーマにした二〇二一年六月二十三日から同年十一月十日までの十五回と、「聖ヨセフ」をテーマにした同年十一月十七日から翌二〇二二年二月十六日までの十二回の講話を収録しています。最初の二回の講話が教皇公邸のサンダマソの中庭で行われているのは、コロナウイルス感染症対策として聴衆の人数を制限するためです。その後、本来は冬季だけなのですが、パウロ六世ホールで一般謁見は行われ、二〇二二年四月二十日になって、ようやくサンピエトロ広場での開催が再開されました。

＊＊＊

「ガラテヤの信徒への手紙」の中心テーマは「キリスト者の自由」です。「イエス・

キリストの死と復活によって罪と死の奴隷であることから解放され」（七六頁）ることで与えられた、恵みとしての自由です。

この自由について説明する中で、教皇は「落ち着きのなさ」ということばを用いています（七四頁）。少し分かりにくいかもしれませんが、フランシスコ教皇の講話にはたびたび登場する、鍵となることばです。別の連続講話では、「健全な落ち着きのなさ」が多くの聖人の「人生を激変させた決定的なきっかけ」となっていると解説しています（ペトロ文庫『識別――教皇講話集』五七頁）。

その理解には、聖アウグスティヌスの『告白』の第一巻第一章にある、かの有名なことばを思い起こせば十分です。「あなたは私たちを、ご自身にむけてお造りになりました。ですから私たちの心は、あなたのうちに憩うまで、安らぎを得ることができないのです」（山田晶訳、中央公論社、一九六八年）。

ここで「安らぎを得ることができない」と表現されているもの、それが「落ち着きのなさ」です。神へと駆り立てるもの、それこそが自由なのです。パウロは律法の遵守こそが救いへと至る道だと信じていたガラテヤの信徒に、十字架のイエスへと向かう真の信仰を熱を込めて説いています。そのパウロが教える自由は、ひたすら戒律に従うことで得られる安堵からは、決してもたらされることのないものなのです。

＊＊＊

「聖ヨセフ」は、聖ヨセフを普遍教会の保護者と宣言した礼部聖省の教令「クエマドモドゥム・デウス」の公布一五〇年を記念してフランシスコ教皇が定めた「ヨセフ年」（二〇二〇年十二月八日～二〇二一年同日）にあたってなされた連続講話です。

教皇はこの連続講話を、そのヨセフ年に際し公布した「使徒的書簡『父の心で』を補完するもの」だと述べています（一八三頁）。各回ごとに教皇は、聖ヨセフの生き方に見られる種々の側面の一つに光を当て、そこからわたしたちが何を学び取り、模範とすべきであるのかを説いています。

印象的なことばを一つ引いておきます。「一見すると隠れていて、「後列」にいる人のだれもが、救いの歴史において比類なき存在であることを、聖ヨセフは思い出させてくれます。世界はこのような男女を必要としています」（一一七頁）。沈黙の聖者ヨセフを形容するこのことばに教皇は、コロナウイルスのパンデミックの間社会を支えた、多くの無名の人々を重ね合わせているのでしょう。市井《しせい》の人々の働きに対し教皇が抱いている深い敬意を、そこに感じ取れるのではないでしょうか。

教皇フランシスコ

ガラテヤの信徒への手紙・聖ヨセフ——教皇講話集

カトリック中央協議会事務局　編訳

ガラテヤの信徒への手紙

はじめに

愛する兄弟姉妹の皆さん、おはようございます。

祈りに関する連続講話が終わり、今日から新たな連続講話を始めます。祈りについての連続講話が、ちょっとでもよく祈ることの、少しでも祈ることの、助けになっていればと願っています。今日は、ガラテヤの信徒への手紙で使徒パウロが示すテーマについて考えたいと思います。これは使徒パウロを知るうえでも、さらにまたパウロが福音について、そのすばらしさを示しつつ、詳細に述べるテーマの数々を考察するうえでも非常に重要な、決定的ともいえる手紙です。この手紙にはパウロの伝記的記述が散りばめられていて、彼の回心と、イエス・キリストのために生涯をささげるその決意に触れることができます。また信仰にとってきわめて重要なテーマ、たとえば自由、恵み、キリスト者の生き方などについても述べられていますが、どれもまさに時宜を得たものです。今日の教会生活の多くの面に当てはまるからです。この手紙は、今の時代にぴったりです。この時代のために書かれたかのようです。

この手紙から浮かび上がる一つ目の特徴は、宣教の旅の間に少なくとも二度ガラテヤの共同体を訪れた使徒の、偉大な宣教活動です。パウロはこの地域のキリスト者に向けて述べています。パウロが指しているのが地図上でどこなのかは、厳密には分かりませんし、手紙が書かれた日付も定かではありません。分かっているのは、ガラテヤの人々はケルト系民族で、さまざまな苦難の末に広大なアナトリア地方に住み着いたということだけです。アナトリアの首都は、現在のトルコの首都アンカラでした。パウロは、体調不良でその地にとどまることになったとしか記していません（ガラテヤ4・13参照）。でも使徒言行録では聖ルカが、もっと霊的な動機を描いています。「彼らはアジア州でみことばを語ることを聖霊から禁じられたので、フリギア・ガラテヤ地方を通って行った」（16・6）とあります。二つの事実は矛盾しているわけではなく、むしろ双方ともが、福音宣教の道は必ずしも自分たちの意向や計画どおりには運ばないことを物語っています。宣教の道に求められるのは、自らを鍛錬し、予想していたのとは違う道を行こうとする意欲です。ここにおられる皆さんの中のある家族とお目にかかったのですが、宣教に行くのでラトビア語と、よく分かりませんが他の何かしらの言語を勉強しなければならないといっていました。今日もなお聖霊は、宣教のために母国を離れて他国に向かう、多くの宣教者を率いておられます。さて、この書に見るのは、そのたゆみない宣教活動によって、使徒がガラテヤ全土に数々の小さな共同体を生み出したことです。パウロはどこかの町、ある地に到着するやいなや、大聖堂を建てたわけではありません。作ったのは数々の小さな共同体で、それが今日のキリスト教文化のパン種となったのです。小さな共同体を作ることから始めたのです。それらの小さな共同体が成長し、大きくなり、発展していったのです。今日でも、こうした司牧的手法は、どの宣教地でも用いられています。先週、パプアニューギニアにいる宣教師から手紙を受け取りました。森の中で、イエス・キリストのことを知らない人々に福音を説いているそうです。すばらしいことです。小さな共同体が築かれようとしているのです。今日でもこの手法が、宣教初期の福音化の手法です。

パウロの司牧者としての懸念についても触れるべきでしょう。そのすべてが情熱です。それらの教会を築いた後パウロは、人々の信仰の成長を脅かす重大な危険に気づきます（司牧者とは、わが子の危険にすぐに気づく親と同じですから）。成長するにつれ、危険も出てきます。「ハゲタカが来て、共同体は滅びる」といわれるとおりです。事実、ユダヤ教から来たキリスト者が加わると、パウロの教えに反する主張を巧妙に吹き込み始め、パウロを中傷するまでになりました。彼らは、「これは駄目だが、これはよい」という理屈を持ち出し、そうしてパウロを中傷します。よくある手です。使徒の権威を失墜させるのです。ここで見ているように、自分の側にこそ真実がある、純正はこちらだと主張し、他者のしていることを誹謗《ひぼう》までして損ねるのは、古くからの常套手段です。パウロに異論を唱える者たちは、異邦人でも割礼を受け、モーセの律法に従って生活しなければならないと主張しました。彼らは、かつての守るべきおきて、福音によって過ぎ越されたものに後戻りしています。そうなるとガラテヤ人は、ユダヤ人のおきて、規律、風習に従うために、自分たちの文化的アイデンティティを捨てなければなりませんでした。それだけではありません。異論を唱える人たちは、パウロは真の使徒ではないのだから、福音を説く資格がないのだと言い張りました。今でもよくあることです。キリスト教の共同体、教区でのことを考えてみればいいのです。出任せをいうことから始まって、最後は司祭や司教の信用を傷つけるところで終わります。まさしく悪魔のやり口、分断する者、築くことのできない者のやり方です。このガラテヤ書には、お決まりのそれが記されています。

　ガラテヤの人々は危ない状態にありました。彼らはどうすべきでしょう。パウロから教わったことに耳を傾け、それに従うのか、それともパウロを非難する別の説教者に耳を貸すのか。彼らの心は揺れ、迷っていたことは容易に想像できます。彼らにとって、イエスのことを知り、その死と復活による救いのわざを信じることとは、真に新しい人生、自由な生き方の始まりでした。ローマ皇帝の支配下にあるだけでなく、彼らの歴史にはさまざまな暴力的な隷属状態が折り重なっていましたが、解放への道を歩み出したのです。そのため別の説教者からの批判を聞いて途方に暮れ、どうしたらよいか分からなくなりました。だれが正しいのか、あのパウロなのか、それとも次に来て別の教えを説いている人たちなのか。だれに耳を傾けるべきなのか――。つまり瀬戸際に立たされていたのです。

こうした状態は、今の時代のさまざまなキリスト者が経験していることとさほど変わりません。実際、今日でも、しかも新しい伝達方法によって、共同体を混乱させる説教者は少なくありません。その人たちは、まず告げるべき、十字架につけられ復活したかたイエスにおいて人間を愛してくださる神の福音の体現者とはならずに、自分たちこそが真の「真理の番人」であると自称し、キリスト者となるための確実な方法とはどのようなものであるかをしつこく繰り返します。そして、真のキリスト教は自分たちが関係している側――たいがいは過去の特定の形式と一致するもの――だと主張し、現代の危機への解決策は、信仰の真正さを失わないよう過去を取り戻すことであると訴えます。今日もなお当時と変わらず、昔のしきたりから得られる何らかの確信に、身を置いておきたいという誘惑があります。どうしたら、そうした者たちを見分けることができるでしょうか。たとえば、そうしたやり方の特徴の一つは、頑なさです。わたしたちを自由にし、喜びを与えてくれる福音が目の前で告げられていても、こうした者たちは頑なです。柔軟性がまったくありません。こうしなければ、ああしなければ、といった具合です。頑なさは、この人たちの典型的な特徴です。ガラテヤ人への手紙にある使徒パウロの教えに倣えば、どの道を進むべきかを見分けられます。使徒パウロが示す道は、十字架につけられ復活したイエスによる、解放となる道、まったく新しい道です。それは、謙虚さと兄弟愛によって実現される、告げ知らせる道です。別の説教者たちは、謙遜とは何か、兄弟愛とは何であるかを分かっていません。それは柔和で従順な信頼の道なのですが、別の説教者は柔和さも従順も何であるかを知りません。この柔和と従順の道は、聖霊はいつの時代にも教会の中で働いておられるという確信のもとに続いています。そして最後には、教会におられる聖霊への信頼がわたしたちを前進させ、わたしたちを救うことになるのです。

（二〇二一年六月二十三日、サンダマソの中庭にて）

真の使徒であるパウロ

愛する兄弟姉妹の皆さん、おはようございます。

ガラテヤ書を少しずつ深めていきましょう。前回は、ガラテヤのキリスト者たちが、信仰をどう生きるかについて葛藤を抱えているのを見ました。使徒パウロは、過去に築いた関係、離れているがゆえの不安、一人ひとりへの変わることのない愛を思い起こさせる手紙を書き始めます。同時に、ガラテヤの信者が正しい道を歩んでいるか案じていると伝えることも怠っていません。信仰共同体の生みの親としての気遣いです。パウロの意図は明確です。ガラテヤ人がパウロの説教を通して受け取った福音の新しさを再確認し、自己の存在の基礎となる真のアイデンティティを築くことが必要なのです。ガラテヤ人が使徒パウロから受けた福音の新しさを再確認すること――、これがまず行うべきことです。

パウロがキリストの神秘について深く知り尽くしていることは、読むとすぐに分かります。手紙の冒頭から、パウロは反対論者が用いるような低次元な論法に従ったりはしません。使徒パウロは「俯瞰《ふかん》して」、共同体の中で対立が生じたときにどう振る舞うべきかをわたしたちにも示しています。実際、手紙の最後にようやく、起きている論争の中心にあるのは割礼、すなわちユダヤ人の重要なしきたりにかかわるものであることが明言されます。パウロはより深く踏み込むことを選びます。危機にあるのは福音の真理であり、福音に不可欠な部分である、キリスト者の自由だからです。わたしたちがしばしば陥りがちな誘惑は、問題や対立の表面にとどまって、直ちに解決策を出そうとすることです。妥協によって皆が合意しても、まやかしにすぎないのです。しかしパウロはそうはしません。イエスを愛しており、イエスが妥協の人／神でないことを知っています。妥協は福音の流儀ではなく、使徒であるパウロはより骨の折れる道を選ぶのです。こうつづっています。「わたしは人に取り入ろうとしているのでしょうか。それとも、神に取り入ろうとしているのでしょうか」。パウロは全員と穏便に事を進めるつもりはありません。そして、こう続けます。「何とかして人の気に入ろうとあくせくしているのでしょうか。もし、今なお人の気に入ろうとしているなら、わたしはキリストのしもべではありません」（ガラテヤ1・10）。

まずパウロは、自身が真の使徒であるのは己の功績ではなく神の召し出しによるのだということを、ガラテヤの人々に思い起こさせなければならないと感じています。パウロは自らの口で、ダマスコへの途上での復活したキリストの出現と符合する、自身の召命と回心について語ります（使徒言行録9・1―9参照）。この出来事以前の生き方についての語りには、興味深いものがあります。「わたしは、徹底的に神の教会を迫害し、滅ぼそうとしていました。また、先祖からの伝承を守るのに人一倍熱心で、同胞の間では同じ年ごろの多くの者よりもユダヤ教に徹しようとしていました」（ガラテヤ1・13―14）。パウロはユダヤ教においてだれにも負けないほど、「律法の義については非のうちどころのない」（フィリピ3・6）本当に熱心なファリサイ派の一員だったとわざわざ断言しています。「先祖からの伝承」を守り「熱心に律法を守っていた」と、二度も断言しています。これがパウロの過去です。

一方でパウロは、自身が教会を激しく迫害してきたこと、「神を冒瀆する者、迫害する者、暴力を振るう者」（一テモテ1・13）であったとしつこく強調します。形容詞をふんだんに用い、自身をそのように評します。他方パウロは、自身に注がれた神のあわれみを強調します。だれもが知るように、この神のあわれみが、根本的に変えられる体験へとパウロを導いたのです。こう記してあります。「キリストに結ばれているユダヤの諸教会の人々とは、顔見知りではありませんでした。ただ彼らは「かつてわれわれを迫害した者が、あの当時滅ぼそうとしていた信仰を、今は福音として告げ知らせている」と聞いて（いただけです）」（ガラテヤ1・22―23）。彼は回心し、変化し、心を入れ替えました。しきたりや律法を守らないキリスト教徒を迫害する立場から、イエス・キリストの福音を告げ知らせる使徒へと召し出されたという、自身の人生に生じた極端な対照によって、パウロは自身の召命の真実を明らかにしているのです。ただし、わたしたちはパウロが自由であることを知っています。彼は自由意思で福音を告げ知らせ、自由意思によって自分の罪を告白します。「わたしはかつてこうだった」――、これは心に自由をもたらす真実であり、神の与えておられる自由からのものです。

自分の過去を振り返るとき、パウロは驚きと感謝の思いに満たされています。使徒となる以外の道は自分にはありえなかったと、ガラテヤの人々に伝えようとしているかのようです。幼少期よりモーセの律法を忠実に守るよう育てられ、その環境のおかげでパウロは、キリストの弟子たちに挑むようになりました。ところが、思いがけないことが起こりました。神の恵みによって、死んで復活した御子がパウロに啓示され、異邦人のための宣教者となったのです（ガラテヤ1・15―16参照）。

主の道はなんと分かりにくいことでしょう。わたしたちは日々、それに接していますが、主がわたしたちを召し出されたときのことを思い起こすと、なおのことよく分かります。神がわたしたちの人生に介入してこられたときのことを、その様子を、決して忘れてはなりません。神がわたしたちのあり方を覆した恵みとの出会いを心に刻み、胸に抱き続けようではありませんか。主の偉大なわざを前に、幾たび疑念を抱いたことでしょう。神が罪人を、もろく弱い人間を用いて、み旨を実現させようとすることなどあるだろうかと――。ですがそのようなことは偶然に起きているのではなく、すべてが神の計画の中で用意されているのです。神はわたしたちの人生を、わたしたち一人ひとりの人生を紡いでおられます。神はわたしたちの人生を紡いでおられ、その救いの計画に信頼をもってこたえるなら、わたしたちはそれを自覚するでしょう。呼びかけ（召命）には従うべき使命が必ず伴います。だからこそ、わたしたちを遣わすのは神ご自身であり、恵みで支えてくださるのも神ご自身であるということを認識し、真剣に覚悟するよう求められるのです。兄弟姉妹の皆さん。何にもまして神の恵みがわたしたちのあり方を変え、福音の奉仕にふさわしい者としてくれるのです。この気づきに導かれましょう。すべてに勝るこの恵みは、すべての罪を包み、心を変え、人生を変え、新しい道を示してくれます。それを忘れないようにしましょう。

（二〇二一年六月三十日、サンダマソの中庭にて）

福音はただ一つ

愛する兄弟姉妹の皆さん、おはようございます。

パウロは福音のことや福音宣教のこととなると、熱くなって我を忘れてしまいます。主から託されたこの使命以外、何も考えられないかのようにです。彼のすべてがこの宣教にささげられており、福音のほかには何にも興味がないのです。告げ知らせること――、それがパウロの愛すること、パウロの関心事、パウロの職業なのです。彼は「キリストがわたしを遣わされたのは、洗礼を授けるためではなく、福音を告げ知らせるためです」（一コリント1・17）とまでいいます。パウロは自身の存在すべてが、福音が知られるために、キリストのメッセージを知らせるために、宣教に召し出されたと考えています。「福音を告げ知らせないなら、わたしは不幸なのです」（一コリント9・16）。そしてローマのキリスト信者にあてた手紙では、自分を単に次のように紹介しています。「キリスト・イエスのしもべ、神の福音のために選び出され、召されて使徒となったパウロ」（ローマ1・1）。これが彼の召命なのです。つまりパウロは、自分はすべての人に福音を伝えるために「召された」のであり、その使命のために全身全霊をささげる以外には何もないことを知っているのです。

ですから、間違った道を歩み、取り返しのつかないところまで行ってしまいそうに見えるガラテヤの人々に対して使徒パウロが抱いた、悲しみや失望、そして手厳しい皮肉さえもが理解できます。間違った道を進んでいるのだ、と。すべての軸になっているのは福音です。パウロの念頭には、わたしたちにとっては当たり前の「四福音書」はありません。実際、パウロがこの手紙を送る時点では、四福音書のどれもがまだ書かれていません。彼にとっての福音とは、kerygma（ケリュグマ）と呼ばれる告知のこと、自身が説いているものでした。どのような告知でしょうか。救いの源である、イエスの死と復活の知らせです。「キリストが、聖書に書いてあるとおりわたしたちの罪のために死んだこと、葬られたこと、また、聖書に書いてあるとおり三日目に復活したこと、ケファに現れ……たことです」（一コリント15・3―5）と、四つの動詞で表現されている福音です。これがパウロの告げ知らせるもの、すべての人にいのちを与える告知です。この福音は、約束の実現であり、すべての人に差し出された救いです。これを受け入れる人は、神と和解し、まことの子として迎えられ、永遠のいのちを受け継ぐのです。

自分たちに与えられたこれほどの大きな恵みを前にして、なぜガラテヤの人々が別の「福音」を、もっと洗練された、知的なものだったとしても、違う「福音」を受け入れようとしているのか、使徒パウロには理解できませんでした。しかし、そのキリスト者たちはまだ、パウロが告げた福音を手放したわけではない——、そこに注目しなければなりません。使徒パウロは彼らが道を踏み外してしまったわけではないと知っており、強く、非常に強い口調で警告します。パウロの最初の論証は、別の宣教師ら、すなわち別のことを説く者たちが届けた教えは福音であるはずがないという事実そのものを指摘しています。もっといえばそれは、真の福音をゆがめる知らせです。信仰に至ることで得られる自由——自由はキーワードです——が妨げられるからです。ガラテヤの人々はまだ「初学者」でしたから、道を誤るのは理解できます。モーセの律法の複雑さがまだ分からずにいて、キリストへの信仰を深めたいという熱意のあまり、別の説教者に耳を傾け、そのメッセージがパウロのそれを補完するものだと錯覚してしまうのです。そうではないのに、です。

ですが使徒パウロは、この決定的な領域において妥協するわけにはいきません。福音はただ一つであり、パウロが告げたものこそがそれであり、それ以外のものはありえないのです。ここで注意が必要です。パウロは、自分が告げたものであるがゆえに、その福音が真の福音なのだとはいっていません。違います。そうはいっていません。そうだとすればずうずうしく、うぬぼれが過ぎます。そうではなく、「自分の」福音は、他の使徒たちがほかで告げているのと同じものであり、イエス・キリストについてのものであるから、ただ一つの本物の福音だと断言しているのです。次のように記しています。「兄弟たち、あなたがたにはっきりいいます。わたしが告げ知らせた福音は、人によるものではありません。わたしはこの福音を人から受けたのでも教えられたのでもなく、イエス・キリストの啓示によって知らされたのです」（ガラテヤ1・11―12）。だからこそ、パウロがとても厳しいことばを使う理由も理解できます。パウロは「呪われる」という表現を二度使っていますが、これは共同体の基盤を脅かすものを共同体から遠ざける必要性を示しています。ですから別の「福音」は、共同体の基盤を脅かすものなのです。要するに、この点に関して、使徒パウロは妥協の余地を残していないのです。折れるわけにはいかないのです。福音の真理について、駆け引きはありません。福音をそのまま、告げられたとおり受け入れるか、それとも別のものを受け取るのか、そのどちらかです。ともかく福音についての駆け引きはありません。妥協はできないのです。イエスへの信仰は、取り引きできる品物ではありません。

それは救いであり、出会いであり、あがないです。安売りできる代物ではないのです。

手紙の冒頭に書かれているこの状況は、関係者全員が善意から行動しているように見えるがために、矛盾しているように映ります。別の宣教師たちの話に耳を傾けるガラテヤの人々は、割礼を受けることで神のみ心にいっそうかなうようになると思っており、それゆえパウロにもさらに喜ばれると考えています。パウロの競合相手は、父祖から受け継いだ伝統への忠実さに駆られてのことなのか、真の信仰は律法を守ることだとの確信をもっています。こうした崇高な忠実さを前にして、伝統について正統とはいえないパウロに対する、当てつけや嫌疑まで正当化しています。使徒自身、自分の使命が神に由来するものであることをよく認識していました。それはキリストご自身が彼に明かされたことです。そしてだからこそパウロは、福音の斬新さに対する完璧な熱狂に駆られています。一過性の新しさではなく、根幹的な斬新さです。「当《とう》世風《せいふう》の」福音というものはありません。福音はつねに新しいものであり、斬新なのです。パウロは司牧上の懸念から厳しい態度を取っています。まだ青いキリスト者に迫る大きなリスクを察知してのことです。つまり、イエスの人となり、その教え、そして御父の愛の啓示ともっとも一致するものとして示される至高の真理を把握するために、この善意の迷宮から抜け出る必要があったのです。識別の方法を知ること、それがとても大切です。歴史を見れば繰り返されており、また今日も見受けられることですが、自分たち流に福音を説く運動体――本当のカリスマ、固有のカリスマ性を伴うこともあります――が、次第に行き過ぎて、福音全体を「運動」に閉じ込めてしまうことがあります。こうなると、それはキリストの福音ではありません。それは創立者の福音となります。確かに、初期の段階ではそれが助けとなるかもしれません。しかしそこには深い根がないため、最終的に実を結ぶことはありません。それゆえパウロの明確で断固としたことばは、ガラテヤの人々にとって救いとなり、わたしたちにとっても救いとなるのです。福音はキリストからわたしたちへの贈り物であり、キリストご自身がわたしたちに啓示してくださったものです。それが、わたしたちにいのちを与えてくれるのです。

（二〇二一年八月四日、パウロ六世ホールにて）

モーセの律法

愛する兄弟姉妹の皆さん、おはようございます。

「律法とはいったい何か」（ガラテヤ3・19）。聖パウロに手引きを受け、今日はこの問いを掘り下げていきます。聖霊から息吹を送られるキリスト者の生き方の新しさを確認できたらと思います。さて、聖霊がおられるのに、わたしたちをあがなってくださったイエスがおられるのに、一体なぜ律法があるのでしょうか。今日は、このことを考えてみる必要があります。使徒パウロはこう記しています。「霊に導かれているなら、あなたがたは、律法の下にはいません」（ガラテヤ5・18）。これに対し、パウロを中傷する者たちは、ガラテヤの人々が救われるには律法を守らなければならないと主張します。この者たちは、引き返そうとしています。過ぎ去った時代、イエス・キリスト以前の時代への郷愁にふけっているのです。使徒パウロは、これにいっさい理解を示しません。エルサレムで他の使徒たちと合意したのは、このような条件ではありませんでした。パウロは、ペトロが主張したことばをよく覚えています。「なぜ今あなたがたは、先祖もわたしたちも負いきれなかった軛《くびき》を、あの弟子たちの首に懸けて、神を試みようとするのですか」（使徒言行録15・10）。あの「使徒会議」――第一回公会議はエルサレム会議でした――でまとめられた決議は、非常に明確なものでした。いわく、「聖霊とわたしたちは、次の必要なことがら以外、いっさいあなたがたに重荷を負わせないことに決めました。すなわち、偶像にささげられたものと、血と、締め殺した動物の肉と、みだらな行いとを避けることです」（使徒言行録15・28―29）。神への礼拝、偶像崇拝に関するいくつかと、当時の生活についての理解にかかわるものです。

パウロが律法について語るとき、通常はモーセの律法、おきて、すなわち十戒のことを指しています。それは、神がご自分の民と結んだ契約に関するもの、その契約を整えるための道筋と関連するものです。旧約聖書の諸書によれば、「トーラー（モーセ五書）」（ヘブライ語で律法の意）とは、イスラエルの民が神との契約によって守るべき規定や法の全集です。トーラー（律法）とは何かを端的にまとめているのは、次の申命記の文章でしょう。「主はあなたの先祖たちの繁栄を喜びとされたように、再びあなたの繁栄を喜びとされる。あなたが、あなたの神、主のみ声に従って、この律法の書に記されている戒めとおきてを守り、心を尽くし、魂を尽くして、あなたの神、主に立ち帰るからである」（申命記30・9―10）。律法を守ることで、民には契約の恩恵が確約され、神との特別なきずなが確かなものとなるのです。この民、この民族、この人々は神に結ばれており、律法を守り、律法に従うことにおいて、神とのその結びつきを見えるかたちにしているのです。神はイスラエルの民と契約を結ぶことで民にトーラーを、おきてを与え、彼らがご自分のみ旨を理解し、義のもとに生きることができるようなさったのです。この時点ではこのようなおきてが必要であり、おきては神がその民に与えた優れたたまものでした。なぜでしょうか。当時はそこかしこに異教があり、至るところに偶像崇拝があって、偶像崇拝が生み出す人間の振る舞いがあったからです。ですから進み続けるための法は、神から民へのすばらしい贈り物だったのです。とりわけ預言書には、律法を守らないことは契約に対する真の裏切りであり、神の怒りを招くものであると繰り返し記されています。契約と律法の結びつきは密接で、両者は切り離せないものだったのです。律法は、人が、民族が、神と契約で結ばれていることの表現なのです。

こうして見れば、ガラテヤの人々に入り込んでいた宣教師たちの、神との契約に加わるにはモーセの律法の遵守が伴うという主張――当時はそうでしたから――に説得力があったことは容易に理解できます。ですがまさにその点において、聖パウロの霊的な知性と、彼が示した優れた直観が、宣教するために受けた恵みに支えられていることが分かります。

使徒パウロはガラテヤの信徒たちに、実は、神との契約とモーセの律法とは不可分に結合しているわけではないことを説いています。パウロがその根拠とする一つ目の要素は、神がアブラハムと結んだ契約は、約束は果たされるという信仰に基づくものであり、まだ存在していなかった律法の遵守に基づくものではなかったということです。アブラハムは、律法制定よりも数百年も前に歩みを始めていました。使徒パウロは次のように書いています。「わたしがいいたいのは、こうです。（アブラハムを召し出したときに）神によってあらかじめ有効なものと定められた契約を、それから四百三十年後に（モーセによって）できた律法が無効にして、その約束を反故《ほご》にすることはないということです。相続が律法に由来するものなら、もはやそれは約束に由来するものではありません。しかし神は、約束によってアブラハムにその恵みをお与えになったのです」（ガラテヤ3・17―18）。約束は律法より先にあったものです。アブラハムに対する約束があって、その後、四百三十年を経て律法が登場したのです。「約束」という語はとても重要です。神の民、わたしたちキリスト者は、約束されたものを目指して人生を歩んでいます。わたしたちは約束へと引き寄せられているのであり、約束がわたしたちを、神との出会いに向けて歩ませてくれるのです。

パウロはこのような論拠によって、まず以下のことを導き出しました。律法は後からのものなので、契約の基盤ではない。必要であり正当なものであるが、まずあるのは約束で、契約が先だった――。

このような議論から、モーセの律法は契約を成立させるのに不可欠だと主張する者は反則となることが分かります。間違ってはいけません。契約が先にあって、それはアブラハムへの呼びかけです。トーラー、つまり律法は、神がアブラハムと結ばれた約束には含まれていません。とはいえ、聖パウロがモーセの律法に反していたと考えるべきではありません。パウロは律法を守っていました。何度も書簡の中で、律法は神に起因すると弁護し、救いの歴史においてまさに正しい役割があるのだと断言しています。ですが、律法はいのちを与えるものではなく、約束をかなえるものでもありません。約束を実現する立場にはないからです。律法とは、出会い向けてあなたを前に進めてくれる道です。パウロは重要なことばを使っています。律法はキリストのもとへと導く「養育係」、キリストへの信仰に導く養育係、つまり、あなたを手引きして出会いへと連れていってくれる先生だと表現しています（ガラテヤ3・24参照）。いのちを求める者は、約束へと目を向けなければなりません。キリストにおいて実現する約束に目を向けるのです。

親愛なる兄弟姉妹の皆さん。ガラテヤの人々に対する使徒のこの一つ目の説明は、キリスト者の生き方にある革命的な新しさを提示しています。イエス・キリストを信じるすべての人は、聖霊において生きるよう召されています。聖霊は律法から解放してくださるかた、そして愛のおきてによって律法を完成させるかたです。律法はわたしたちをイエスへと導いてくれる――、これはとても大事なことです。ただ、こんなふうにおっしゃる人もいるでしょう。「神父さん、一つお尋ねしますが、それはつまり、信仰宣言をもって祈れば、おきてを守らなくてもいいということですか」。いいえ、そういうことではありません。おきては、あなたをキリストとの出会へと導く「養育係」であるという意味で、意義あるものです。ただあなたがイエスとの出会いを二の次にして、おきてを重視する過去に戻ろうとするなら、それは正しくないということです。それこそ、ガラテヤの教会に口を出して混乱させた、原理主義的宣教師たちの問題点だったのです。おきての道を歩み、ただしキリストとの出会いに向かってキリストの愛に目を向け、イエスとの出会いこそあらゆるおきてに勝るものであると悟るわたしたちを、主が助けてくださいますように。

（二〇二一年八月十一日、パウロ六世ホールにて）

律法の基礎課程としての意義

愛する兄弟姉妹の皆さん、おはようございます。

イエス・キリストを愛し、なおかつ救いとは何かをよく理解していたパウロが教えてくれたのは、「約束の子」（ガラテヤ4・28）――わたしたちは皆、イエス・キリストによって義とされました――は律法に拘束されてはおらず、福音の自由において課される生き方に召されているということです。律法は存在します。ですがこれまでとは違ったあり方で存在します。同じ律法、同じ十戒ですが、主イエスが来られた今、それ自体で義とされるのではないのですから、あり方が変わります。そこで今日の講話では、そのことについて説明したいと思います。ガラテヤ書が教える律法の役割とはどのようなものなのか、これについて考えていきましょう。先ほど朗読された箇所（ガラテヤ3・23―25）でパウロは、律法は「養育係」のようなものだと述べています。その見事なイメージです。養育係のイメージは前回の一般謁見講話でも触れました。その意味を正しく理解していただきたいと思います。

使徒パウロはキリスト者に、救いの歴史を二つに分けて考えるよう提案していると思われます。同じく彼自身の人生も二つに分けています。二つの時代があり、イエス・キリストを信じる以前と、信仰を授かった後の時代です。真ん中にあるのは、イエスの死と復活の出来事です。パウロはこの出来事について説き、救いの源である神の子への信仰、わたしたちが義とされるイエス・キリストへの信仰を促します。わたしたちは、キリスト・イエスへの信仰によって無償で義とされています。ですからキリストへの信仰を起点として、同じ律法に関しても「前」と「後」があるのです。律法はありますし、十戒も存在していますが、イエスが来られる前と、その後の姿勢があるのです。イエスが来られる以前は「律法の下」にあると定義されます。律法の道に従う者が救われ、義とされていました。その後のイエスの到来後は、聖霊に従って生きるかどうかで判断されます（ガラテヤ5・25参照）。パウロがこのような表現、「律法の下にある」を使ったのはここが最初です。下にあるという意味は、奴隷に典型的な、隷属というマイナスの見方が含まれています。使徒パウロは、「律法の下にある」人は、「監視下にあり」、「閉じ込められて」、予防的に保護下に置かれているようなものだといって、その性格を明確にします。聖パウロは、この期間は長きにわたり、モーセからイエスが来られるときまで続いてきたもので、人が罪の中にいるかぎりは続くものだといいます。

律法と罪の関係について使徒は、ガラテヤ書の数年後に書いたローマ書の中で、より体系的に説明しています。要約すれば、律法とは違反を定義し、人にその罪を自覚させるものです。「あなたはこれをした。だから律法、十戒が定めるように、あなたは罪を負っている」。実際、だれしも経験するように、戒律とは結局のところ違反への刺激なのです。ローマ書でパウロは次のように書いています。「わたしたちが肉に従って生きている間は、罪へ誘う欲情が律法によって五体の中に働き、死に至る実を結んでいました。しかし今は、わたしたちは、自分を縛っていた律法に対して死んだ者となり、律法から解放されています」（ローマ7・5―6）。なぜでしょうか。イエス・キリストによる義がもたらされたからです。「死のとげは罪であり、罪の力は律法です」（一コリント15・56）と、パウロは律法についての自身の考えを示しています。あなたが律法の下にいる――それは罪に通じる状態にあること、という問答です。

この文脈で、律法が果たす養育係的役割への言及は完全に意味づけられています。では律法は一体、あなたをどこに導く養育係なのでしょうか。イエスに導くのです。古い時代の学校制度では、養育係には今日もっているような役割、すなわち少年少女の教育を担う役割はありませんでした。当時、養育係は奴隷であり、主人の子息を教師のもとに連れて行き、家に連れ帰ることを仕事としていました。そのように子を危険から守り、悪さをしないよう目を光らせていなければなりませんでした。その役目は、どちらかというとしつけに関するものです。子が成人すれば、養育係はその役目を終えたのです。パウロのいう養育係とは、教師のことではなく、子の通学に付き添い、道中目を配り、家に連れ帰る者のことでした。

聖パウロは律法についてこのようなことばを用いて語ることで、イスラエルの歴史において律法が果たした役割を明確にしました。トーラー、すなわち律法は、神がその民に対して示した寛大なわざの一つでした。アブラハムを選んだ後の、もう一つの大いなるわざが律法であり、民の進むべき道を示したのです。律法は確かに制約的機能をもっていましたが、それとともに民を守り、教育し、訓練し、弱さを支えてきました。とくに、異教の慣習があふれていた時代には、民を異教から守る大きな役目がありました。トーラーには、「神は唯一であり、わたしたちに行くべき道を用意してくださった」と書かれています。主が行われた善意のわざです。繰り返しになりますが、確かに律法には制約的な役目がありましたが、それとともに民を守り、教育し、訓練し、弱さを支えてきたのです。だから使徒パウロは、未成年期についての説明をその後に続けているのです。いわく、「相続人は、未成年である間は、全財産の所有者であってもしもべと何ら変わるところがなく、父親が定めた期日までは後見人や管理人の監督の下にいます。同様にわたしたちも、未成年であったときは、世を支配する諸霊に奴隷として仕えていました」（ガラテヤ4・1―3）。つまり、律法には確かに肯定的な役割、すなわち成長に付き添う養育係としての役割があるが、それは時限的な役割なのだと、使徒パウロは確信しているのです。その期間は民の成熟と自由の選択とに結びついていますから、いくらでも長引かせるというわけにはいきません。信仰に至れば、律法はその基礎課程的な役目を終え、別の権威に道を譲らなければなりません。どういうことでしょうか。律法の段階を終えたら、次のようにいえるのでしょうか。「イエス・キリストを信じていますから、したいことをしていいのですね」。いいえ。十戒はとどまります。ただし、それがわたしたちを義とするのではありません。わたしたちを義とするのは、イエス・キリストです。十戒は守るべきものであって、わたしたちがそれで義とされるのではありません。今やイエス・キリストの無償の恵みがあり、イエス・キリストとの出会いがあり、わたしたちは無償で義とされるのです。信仰のいさおしは、イエスを受けることです。心を開くこと、それが唯一のいさおしです。では、十戒についてはどうすればよいのでしょうか。わたしたちはそれを守らなければなりませんが、それはイエス・キリストとの出会いのための補助なのです。

律法の意義に関するこの教えはとても大事で、誤解することのないよう、間違った方向に進まないよう、慎重に扱う必要があります。自分に問うてみてください。わたしはまだ律法を必要とする段階にあるのだろうか。それとも、神の子となる恵みを受け、愛に生きるよう召されていることを十分に自覚しているだろうか。どうなのか――。これを行わなければ地獄に行くのではないかと恐れてはいないだろうか。それとも、イエス・キリストにおいて無償で救われるという喜びをもって、その希望をもって、生きているだろうか。大切な問いです。そしてもう一つの問いがあります。十戒を軽んじるのか。いいえ、そうではありません。十戒を守りますが、それを絶対視しません。わたしを義としてくださるのは、イエス・キリストであると知っているからです。

（二〇二一年八月十八日、パウロ六世ホールにて）

律法の危険性

愛する兄弟姉妹の皆さん、こんにちは。

ガラテヤの信徒への手紙には、少し意外な事実が報告されています。先ほど聞いたように、パウロはアンティオキアの教会の人たちの面前で、ケファ、すなわちペトロのよくない振る舞いを非難したとあります。パウロがペトロに対して厳しい言い方をしなければならなかったとは、どんな深刻なことがあったのでしょうか。パウロは自制できずに、やり過ぎて、大げさに振る舞ったのでしょうか。そういうことではありません。ここでもまた、律法と自由の関係が問題となっていたのです。これについては、繰り返し思い起こさなければなりません。

ガラテヤへの手紙でパウロは、数年前のアンティオキアでの出来事にわざわざ触れています。ガラテヤの教会の信者たちに思い出させようとしたのは、割礼が必要だと説いては、すべての細則をひっくるめて「律法の下」にとどまる者たちに耳を傾けてはならないということです。やって来て混乱を引き起こし、共同体の平和を奪ったのは、原理主義的な説教師たちだということを忘れてはならない、と。ペトロが非難されたのは、食卓に着く規則のことでした。律法はユダヤ人に、非ユダヤ人と食卓を囲むことを禁じていました。ところがペトロ自身はほかの機会に、律法を犯していると自覚しつつカイサリアの百人隊長コルネリウスの家に招かれていました。その際ペトロはこういっています。「神はわたしに、どんな人をも清くない者とか、汚れている者とかいってはならないと、お示しになりました」（使徒言行録10・28）。ペトロがエルサレムに戻ると、キリスト者でもモーセの律法に忠実で割礼を受けている信者たちにその行動を非難されました。ところがペトロは次のように弁明したのです。「わたしは、『ヨハネは水で洗礼を授けたが、あなたがたは聖霊によって洗礼を受ける』といっておられた主のことばを思い出しました。こうして、主イエス・キリストを信じるようになったわたしたちに与えてくださったのと同じたまものを、神が彼らにもお与えになったのなら、わたしのような者が、神がそうなさるのをどうして妨げることができたでしょうか」（使徒言行録11・16―17）。ペトロがコルネリウスの家に行ったとき、そこに聖霊が降《くだ》ったことを忘れてはなりません。

同じようなことはアンティオキアでも、パウロがいる際にありました。初めペトロは、異邦人のキリスト信者とも抵抗なく食卓を囲んでいたのに、エルサレムから割礼を受けた信者、つまり元々ユダヤ教徒だったキリスト者がやって来ると、批判を浴びたくないからと、態度を変えたのです。これは過ちです。ペトロは批判を気にして、よい印象を与えることに重きを置いたのです。ほかの弟子たち、とりわけ、パウロとともにガラテヤの人に正しい宣教を行っていたバルナバさえもペトロに続いたので、パウロにしてみればこの事態は深刻だったのです（ガラテヤ2・13参照）。理念もなくペトロは、それぞれによい顔をして、あいまいに、ごまかしながら行動していたため、結果として共同体に不当な分断を生み出していたのでした。「わたしはただただ……。この方針に従うまでです、こうしなければならないので……。いえ、それはできませんが……」といった具合です。

パウロは非難のことば――肝心なのはここです――で、「見せかけの行い（偽善）」という表現を用いています（ガラテヤ2・13参照）。この表現によってわたしたちは、パウロの反応の核心に迫ることができます。偽善は、何度も繰り返されることばです。その意味はだれもがご存じと思います。キリスト信者が律法を守ることはそうした偽善となり、使徒パウロはこのことに、強く確信をもって対峙しようとしています。パウロはまっすぐな人でした。欠点もたくさんありましたし、性格はひどいものですが、それでも彼はまっすぐでした。偽善とは何でしょう。「あの人は偽善者だから気をつけなさい」というとき、何をいおうとしているのでしょうか。偽善とはどのようなものなのでしょうか。それは、真実への恐れといえるでしょう。偽善者は真実を恐れます。あるがままでいるよりも、装うことを好みます。自分の魂に化粧すること、自分の姿勢に扮装を施すこと、自分の歩み方を取り繕うようなものです。真実ではありません。「わたしはそのままの自分でいくのが不安で、そうした態度で着飾っているのです」。フィクションは、真実をあけすけに伝える勇気を削《そ》いでしまいます。そうしていつでも、どこでも、何があっても真実を伝える義務を、すぐに避けるようになるのです。フィクションは、中途半端な真実に至ります。そして、中途半端な真実はフィクションです。真実は、真実であるか真実でないかのどちらかです。中途半端な真実とは、このように本当ではない行動のしかたです。先ほども申し上げたように、わたしたちはあるがままでいるよりも装うことを好み、フィクションは真実を率直に語る勇気を削いでしまいます。そうしてわたしたちは、いつ何どきでも真実を伝え、どこにあっても真実を告げ、何があろうとも真実を語るという義務から、おきてでもあるそのことから、逃げ出すのです。そして対人関係に格式ばかりを重んじる環境下では、偽善というウイルスが瞬く間に蔓延します。心からのものではない作り笑い、だれにも愛想がいいけれども、だれとも親しいわけではない……。

聖書には、偽善と闘う模範がいくつも挙げられています。偽善に立ち向かう見事なものに、高齢のエレアザルのあかしがあります。彼は、異教徒の神々にささげられた肉を口にしたふりをして、生き延びたらいいと勧められます。食べたふりをして、食べはしないということです。あるいは、旧知の者たちが用意した別の肉を食べ、豚肉を食べたように装ったらいいと。しかし、神をおそれるエレアザルはこたえます。「われわれの年になって、嘘をつくのはふさわしいことではない。そんなことをすれば、大勢の若者が、エレアザルは九十歳にもなって異教の風習に転向したのか、と思うだろう。そのうえ彼らは、ほんのわずかのいのちを惜しんだわたしの欺きの行為によって、迷ってしまうだろう。またわたし自身、わが老年に泥を塗り、汚すことになる」（二マカバイ6・24―25）。正直な人です。偽善の道には足を踏み入れません。偽善から離れているために考えを巡らす、すばらしい物語です。福音書にも、外側は正しく見えても、内面は偽善と不法に満ちている人々をイエスが強く非難するさまざまな場面が記されています（マタイ23・13―29参照）。今日時間がおありでしたら、聖マタイの福音書の23章を読んで、イエスが「偽善者、偽善者、偽善者」と繰り返して、偽善とは何かを明らかにしているのを見てください。

偽善者とは、装う人、おべっかをいう人、欺く人です。仮面をかぶって生きているので、真実に立ち向かう勇気のない人のことです。そのため、本当の意味で愛することができません。偽善者は愛することができません。利己的に生きるしかなく、自分の心を包み隠さずに示すだけの強さがありません。偽善が見られる場面はたくさんあります。職場に潜んでいることは少なくなく、同僚と仲良くしているように見せて、だまし打ちで出世をもくろんだりします。政治の世界には、公私がまったく違う偽善者は珍しくありません。教会内の偽善はとくに最悪で、残念ながら教会にも偽善は存在し、多くのキリスト信者、多くの司牧者・奉仕者が偽善者です。主のことばを決して忘れてはなりません。「あなたがたは、『然《しか》り、然り』『否《いな》、否』といいなさい。それ以上のことは、悪い者から出るのである」（マタイ5・37）。

兄弟姉妹の皆さん。今日は、パウロが非難していること、イエスが非難していること、すなわち偽善について考えてみてください。そして、正直であること、真実を伝えること、真実を聞くこと、真実に向き合うことを恐れないでいてください。そうすれば愛することができます。偽善者は、愛することを知りません。真実から離れた行動は、教会における一致を危うくします。教会の一致は、まさに主が祈り求めておられるものなのです。

（二〇二一年八月二十五日、パウロ六世ホールにて）

物分かりの悪いガラテヤの人たち

愛する兄弟姉妹の皆さん、おはようございます。

聖パウロのガラテヤの信徒への手紙の解説を続けます。この解説は新しいものではなく、わたし独自のものでもありません。わたしたちが学んでいるのは、聖パウロが、非常に深刻な対立にあったときにガラテヤの人々に対して述べていることです。そして聖書に記されているものですから、神のことばでもあります。だれかが作ったものではありません。あの時代に実際に起きたことであり、再び繰り返されるかもしれないことです。事実、それが歴史の中で繰り返されてきたことをわたしたちは知っています。今日の講話は、聖パウロのガラテヤ人にあてた手紙で表現されている神のことばについてのカテケージスです。それ以外の何ものでもありません。そのことを念頭に置いてください。前回の講話では、福音を受け入れて歩み始めた道から離れることがいかに危険か、使徒パウロがそれをどのようにガラテヤの最初のキリスト者たちに説いたかを見てきました。まさにその危険性は形式主義に陥ることで、偽善につながる誘惑の一つです。このことについては前回お話ししました。形式主義に陥り、授かった新たな尊厳を、すなわちキリストによってあがなわれた者の尊厳を否定してしまうのです。今朗読された箇所（訳注：ガラテヤ3・1—3）は、ガラテヤ書の第二部の冒頭です。ここまでパウロは、自分の人生と召し出しについて語ってきました。つまり、神の恵みが自分の存在をどのように変え、福音に完全に仕える者とされたかについてです。ここに来てパウロは、ガラテヤの人々に質問をぶつけます。ガラテヤの人が選んだものと、現在の状態――彼らが生きてきた恵みの体験を無駄にしうるもの――を突きつけたのです。

そしてガラテヤの人々に対する使徒パウロの言い方は、礼儀をわきまえたものではありません。先ほど朗読されたとおりです。ほかの書簡では、「兄弟たち」とか「愛する人たち」という表現がすぐに目につきますが、ここにはありません。ひどい怒りようです。パウロは「ガラテヤの人たち」と一般化して、二度も「物分かりの悪い人たち」（訳注：フランシスコ会訳聖書では「愚かな人々」）と呼んでいます。ずいぶんないいようです。物分かりが悪い、無分別、そのほか色々いったでしょう。そういう言い方をするのは、彼らが知的でないからではありません。彼ら自身ほとんど気づかぬまま、あれほど熱い心で受け入れたキリストへの信仰を失いそうになっていたからです。尊い宝を、キリストの新しさという美を失う危険にあることに気づいていないから、彼らを物分かりが悪いというのです。ぼう然とする使徒パウロの悲しみが伝わってきます。苦い思いを抱きながらパウロは、それまで望めなかった新しい自由を得る可能性を示した、自身の伝えた最初の告知を思い起こすよう、その土地のキリスト者に迫っているのです。

使徒パウロはガラテヤの人々に質問を投げて、彼らの分別を呼び覚まそうとします。だから強い口調なのです。キリストを信じるようになったのは福音が告げられたことによる恵みの実である――、ガラテヤの人々にはその十分な認識があるのだからと、修辞的疑問文になっています。パウロは彼らを、キリスト者として召し出された最初の地点へと立ち帰らせようとしているのです。彼らがパウロから聞いたことばは、イエスの死と復活において完全に明かされた、神の愛についてでした。パウロにとっては、彼らへの説教で繰り返し伝えたであろう次の表現よりも説得力のあるものはなかったと思われます。「生きているのは、もはやわたしではありません。キリストがわたしの内に生きておられるのです。わたしが今、肉において生きているのは、わたしを愛し、わたしのために身をささげられた神の子に対する信仰によるものです」（ガラテヤ2・20）。パウロにとって、十字架につけられたキリストのほかに知りたいものはありませんでした（一コリント2・2参照）。ガラテヤの人々は、別の告知に惑わされることなく、この出来事に目を向けなければなりません。つまりパウロのねらいはキリスト者を問い詰めることで、何が問題なのかに気づかせ、セイレーンのささやきのごとく、戒律の遵守だけを土台とする宗教心への誘《いざな》いに惑わされないようにすることでした。なぜなら彼ら、つまりガラテヤの信者のもとに来た別の説教者たちは、守り続けた戒律に、無償の救いであるキリストが来られる前に完成した律法に、引き返し、それを頼りとするよう説いていたからです。

ですがガラテヤの人々は、使徒パウロが何をいわんとしているのかをよく分かっていました。彼らは確かに、共同体に働く聖霊を体験していました。他の教会共同体と同じく彼らの間にもまた、愛や他のさまざまなたまものが現れていました。パウロから問いただされた彼らは、自分たちが経験したことは聖霊による新しさという実であったと、答えるはずです。ですから彼らが信仰を得たきっかけは、人間の側にではなく神の側にありました。彼らの体験のメインキャストは聖霊です。ところが今、その聖霊を裏方に追いやって、律法を守り切った自分たちこそを功労者とするのは、愚かなことです。聖性は聖霊に由来するものであり、聖霊はイエスのあがないによって無償で与えられたものです。それが、わたしたちを義とするのです。

聖パウロはわたしたちにも、どのように信仰を生きているのかを振り返るよう招いています。十字架につけられて復活したキリストの愛が、救いの源として日々の生活の中心にとどまっているだろうか。それとも、やましさを紛らわすために何らかの宗教的しきたりに従うことで満足してはいないか。どのように信仰を生きているのか。尊い宝、キリストがもたらす新しさという美にしっかりと結ばれているだろうか。いっときは心をつかまれても、いずれむなしくさせるものを好んでしまってはいないか。刹那的なものは、日常の中でわたしたちの扉をしょっちゅう叩いてきますが、それはわたしたちを浅薄さに陥れ、真に生きる価値があるものを識別できなくさせる、わびしい幻想です。

兄弟姉妹の皆さん。わたしたちが離れてしまいそうなときでも、それでも神はずっとご自分のたまものを与えてくださることを固く信じ続けましょう。歴史の中で何度も、そして今日でも、ガラテヤの人々にあったのと同じようなことが起きています。今日も、「そうではない。聖性はこれこれの戒律にある、これとこれの中にあるのだから、あなたはそれらをなさねばならない」と耳元で熱弁を振るう人がやってきます。そのような人たちは厳格な宗教心を勧めてきますが、そういうものはキリストのあがないがもたらす、聖霊における自由を奪う厳格さです。彼らが勧める厳格さには注意してください。要注意です。厳格さの裏には必ずよくないものがあり、神の霊はそこにはおられないからです。そうした点でこの書簡はわたしたちを助けてくれます。わたしたちの霊性の営みを後退させる原理主義的な勧めに耳を貸さないよう支え、イエスの過越が示す召命の歩みを進むよう助けてくれるでしょう。使徒パウロがガラテヤの人々に繰り返し伝えて念を押しているのは、御父は「あなたがたに〝霊〟を授け、また、あなたがたの間で奇跡を行われるかた」（ガラテヤ3・5）だということです。パウロは現在形で語っています。「授けた」「行われた」ではありません。違います。「授け」といっています。三章五節は「御父は霊を授けた」ではありません。「しておられる」「授け」です。わたしたちのせいで神の働きにいかなる困難を来すとしても、さらにはわたしたちの罪にもかかわらず、神はわたしたちを見捨てず、むしろそのいつくしみ深い愛をもってわたしたちのもとにとどまってくださるからです。神はそのいつくしみをもって、いつもわたしたちのそばにおられます。息子の帰りを今か今かと待ちわびて、毎日テラスに出ている父親と同じです。御父はわたしたちへの愛について決して倦《う》むことがないのです。この事実をつねに意識し、キリストの復活とは懸け離れた、作為的な禁欲生活を勧める原理主義者を遠ざける知恵を求めましょう。禁欲は必要ですが、賢明な禁欲が必要なのであり、作為的なものではありません。

（二〇二一年九月一日、パウロ六世ホールにて）

わたしたちは神の子

愛する兄弟姉妹の皆さん、おはようございます。

聖パウロのガラテヤの信徒への手紙を頼りに、信仰を、わたしたちの信仰を深める歩みを続けましょう。使徒パウロはこの地のキリスト者に、自分たちに告げられた神の啓示の斬新さを忘れてはならないと力説します。福音記者ヨハネと完全に一致して（一ヨハネ3・1―2参照）、パウロは、イエス・キリストへの信仰によって、わたしたちはまことに神の子となり、神の相続人となるのだと強調します。神の子であるというこの現実を、わたしたちキリスト者は当たり前だと思いがちです。ですが自分が神の子となったとき、受洗日を、感謝をもって覚えておき、受け取った大きな恵みをもっと自覚をもって生きることが大切です。

今日ここで、「自分の受洗日を覚えている人はいますか」と尋ねても、あまり手は挙がらないでしょう。わたしたちが救われた日であり、神の子となった日なのにです。

ですから自分の受洗日を知らない人は、代父や代母、お父さん、お母さん、おじさんやおばさんに尋ねてください。「わたしはいつ洗礼を受けたのですか」。そして、毎年その日を記念すべきです。その日は、神の子とされた日なのです。分かりましたか。皆さん、そうしてくれますか（聴衆「はい」と答える）。まあまあの「はい」ですね（聴衆笑い）。話を続けましょう。

まさにイエス・キリストへの「信仰が現れた」（ガラテヤ3・25）ことで、神と親子の関係になる、根本的に新しい地位が生じるのです。パウロがいうところの神の子という身分は、だれもが唯一の創造主の子であるという、広い意味でいっているのとは違います。先ほどの朗読で聞いたように、パウロが主張するのは、信仰によりわたしたちは、「キリストに結ばれて」神の子になるということです（26節）。ここに新しさがあります。この「キリストに結ばれて」が、違う点なのです。みんな神の子ども、だれもが、宗教にかかわらずすべての人が神の子どもである、という意味にはとどまらないものです。それとは違う意味があります。この「キリストに結ばれて」ということが、キリスト者に違いをもたらします。この違いはキリストのあがないにあずかることで初めて生まれるもので、洗礼の秘跡によって、わたしたちに生じる違いです。イエスはわたしたちの兄弟となり、その死と復活をもってわたしたちを御父と和解させてくださいました。信仰をもってキリストを受け入れる者は、洗礼によってキリストを「着る」者となり、子としての尊厳を帯びるのです（27節参照）。

聖パウロはその書簡の中で、幾度となく洗礼に言及しています。彼にとって洗礼を受けるということは、イエスの秘義に効果的かつ実際にあずかることと同義です。たとえばローマの信徒への手紙では、洗礼によってわたしたちは、キリストとともに死に、キリストとともに葬られ、そうしてキリストとともに生きるようになったとまでいっています（6・3—14節参照）。キリストとともに死に、キリストとともに葬られ、キリストとともに生きるようになる。イエスの死と復活にあずかること、これこそが洗礼の恵みです。ですから、洗礼は形だけの儀式ではありません。洗礼を受けた者は、奥深くで、その存在の内奥において変容し、新しいいのちを有するようになります。そして、まさにその新たないのちによって神に立ち帰り、神を「アッバ」、つまり「パパ」と親しく呼べるようになるのです。「お父上」ではなく「パパ」です（ガラテヤ4・6参照）。

使徒パウロは、洗礼によって得られるアイデンティティは、民族・宗教の違いを超えた、まったく新しいものであることを大胆に述べています。次のように説きます。「ユダヤ人もギリシア人もなく」、社会的な意味においても「奴隷も自由な身分の者もなく、男も女もありません」（ガラテヤ3・28）と。しばしば、この表現に込められた革命的な価値を理解せずに、早合点で解釈されることがあります。パウロがガラテヤの人々に、キリストに結ばれていれば「ユダヤ人もギリシア人もない」と書いたことは、民族や宗教の分野においての正真正銘の秩序の転覆に等しかったのです。ユダヤ人は選ばれた民であるということで、異教徒に対して特権的立場にあり（ローマ2・17―20参照）、パウロ自身もそれを明言しています（ローマ9・4―5参照）。ですから、使徒のこの新しい教えが異端に聞こえても不思議ではありません。「何ですって？　みんな等しい？　ほかと一緒くたにしないでいただきたい」。異端的に聞こえますよね。二つ目に挙げられた「自由人」と「奴隷」の平等も、衝撃的な見解を示すものです。古代社会では、奴隷と自由市民の区別は厳然たる事実でした。後者は法によりあらゆる権利を享受していましたが、奴隷には人間としての尊厳さえ認められませんでした。これは現代でも同様です。世界には、食べる権利も、教育を受ける権利も、職に就く権利もない人がたくさん、山のように、何百何千万人もいます。それは別のかたちでの奴隷です。社会の周辺部にいて、すべての人から搾取されています。奴隷制度は今日も存在しています。このことについて少し考えてみてください。わたしたちが彼らの人間としての尊厳を否定することで奴隷化されるのです。つまり結局、キリストにおける平等は、男女の社会的差異を乗り越え、当時としては画期的で、現代においても再認識すべき、男女の平等を打ち立てるものなのです。これについては、現代においても今一度はっきりと申し上げておく必要があります。女性をないがしろにする発言を、どれだけ耳にしてきたことでしょう。「やめたまえ。やらなくてよいのだ。それは女性のやることだ」、そんなことばをどれだけ聞いたことでしょう。いいですか。男性も女性も同じ尊厳を有しています。なのにこれまで、そして今日でも、女性を奴隷とする現実があります。女性は、男性と等しい機会を享受していません。わたしたちはキリスト・イエスにおいて一つである、とパウロがいう意味を読み取らねばなりません。

このようにパウロは、洗礼を受けたすべての人は皆一つであって、身分の差なく、男性であれ女性であれ等しい者であり、それは各人がキリストにおいて新しく創造された者であるからだと言明しています。あらゆる差異は、神の子であるという尊厳によって二次的なものとなり、その子らは真であり本質的な平等を獲得するのです。キリストのあがないによって、そして受けた洗礼によって、わたしたちは等しく神の子です。平等です。

兄弟姉妹の皆さん。それゆえわたしたちには、神の子であることとしてその根拠が表現される新しい生き方を、より明確に生きるよう求められています。神の子であるから平等であり、神の子であるのは、イエス・キリストがわたしたちをあがなってくださったからであり、洗礼によってわたしたちはその尊厳を帯びるようになったからです。現代に生きるわたしたち皆にとっても、神の子らであることの、わたしたちをあがなってくださったキリストに結ばれていることに由来する兄弟姉妹であることの、すばらしさを再発見するのは重要です。キリストを信じる者たちの間には、分裂を生む違いや対立は存在してはならないのです。使徒の一人のヤコブは、その手紙で次のようにいっています。「人を分け隔てしてはなりません。集まり（つまりミサ）に、金の指輪をはめた立派な身なりの人が来たら、「どうぞこちらへ、こちらの席へ」と上席に案内する一方、どうにか身を覆っている明らかに貧しい人が来れば「はい、はい、そちら、後ろのほうに座って」というのは正義にもとることです」。わたしたちは無意識に、何度もこうした差をつけてしまっています。いけません。わたしたちは等しいのです。わたしたちの召命はむしろ、全人類の一致への招きを具体的かつ明白にもたらすことです（第二バチカン公会議『教会憲章』1参照）。人々の間の相違を際立たせ、しばしば差別を引き起こすようなものはすべて、どんなものであっても、キリストにおいてなし遂げられた救いによって、神の前ではもはや何ら意味をもたないのです。問われるのは、聖霊が示してくださる一致の道を歩む信仰です。ですからわたしたちの責務は、断固この平等の道を歩むことです。この平等は、イエスのあがないによってもたらされたものであり、永続するものです。

ご清聴ありがとうございます。それから家に帰ったら忘れずに、「わたしの受洗日はいつですか。いつ洗礼を受けたのですか」と尋ねてください。その日を胸に刻んでください。そしてその日はお祝いしてください。ありがとうございます。

（二〇二一年九月八日、パウロ六世ホールにて）

信じて生きるということ

愛する兄弟姉妹の皆さん、おはようございます。

聖パウロの教えの理解を深める歩みを続けていますが、今日は「義認」という難しくも重要なテーマを取り上げます。義認とは何でしょうか。わたしたちは、罪人であったのに、正しい者となりました。だれがわたしたちを義としたのでしょうか。この変化の過程を義認といいます。神の前にあって、わたしたちは義とされています。確かに、わたしたちはそれぞれ罪を抱えています。それでも、根源的には正しい者とされているのです。これが義認です。この主題については、使徒の理解にもっとも合致する解釈を求めて多くの議論がなされ、矛盾する見解が示される結果にも至っています。ガラテヤの信徒への手紙でも、ローマの信徒への手紙でも、義認はキリストへの信仰によってもたらされると、パウロははっきり述べています。「でも神父様、わたしはおきてをすべて守っていますから、正しい者です」とおっしゃるかたもいるでしょう。そうですね、でもそのことによってあなたが義とされるのではありません。それ以前に、あなたは義とされているのです。だれかがあなたを義としたのです。だれかがあなたを、神の前にあって正しい者としたのです。「そうなのですね。でもわたしは罪人です」との声もあるでしょう。そうです。あなたは義とされましたが、それでも罪人です。しかし根源においては、あなたは義人です。だれがあなたを義としたのでしょうか。イエス・キリストです。これが義認です。

「義認」という、信仰にとって決定的な意味をもつことばの背後に何があるのでしょうか。余すところなく完璧に定義するのは簡単ではありませんが、聖パウロの思想全体から見れば、簡潔にいって義認とは、「ご自分のほうから進んでゆるしをお与えになる神のあわれみの結果です」(『カトリック教会のカテキズム』1990)。そしてそのようなかたが、わたしたちの神なのです。あまりに優しく、あわれみ深く、辛抱強く、情け深いかたなので、ひたすらに、いつまでも、ゆるしを与えてくださるのです。そのかたがゆるしてくださるのであって、義認とは、キリストにおいて、最初からすべての人をゆるしてくださる神のことです。神のあわれみがゆるしを与えるのです。神は、まさしくイエスの死によって——これが肝心です——罪を滅ぼし、わたしたちを決定的にゆるし救ってくださったのです。このように義とされた罪人は、神から迎え入れられ、神と和解しています。それは、罪という不従順が入り込む前の、創造主と被造物との原初の関係に近いものです。したがって神のわざによる義認が、罪により損なわれた無垢《むく》をわたしたちに取り戻すのです。義認はどのように起こるのでしょうか。この問いに答えることは、聖パウロの教えのもう一つの新しさに気づくことです。すなわち、義認は恵みとしてもたらされるということです。恵み以外の何ものでもないのです。ただただ恵みによって義とされたのです。「でも、ほかの場合のように裁判所で反則金を払って、よしとされるわけにはいかないのでしょうか」。いいえ、そのための支払いはできないのです。わたしたち全員のために支払ってくださったかたがいるのです。キリストです。ですから、わたしたちのために死んでくださったキリストから、御父がすべての人に与えておられる恵みがもたらされるのです。義認は、恵みによるものです。

使徒パウロは、自身の人生を変えることになった体験を片時も忘れることはありません。ダマスコへの道中での、復活したイエスとの出会いです。パウロは自尊心が強く、信仰心に篤《あつ》く、熱血漢で、おきてを忠実に守ることこそ正義なのだと確信していました。しかし今、彼はキリストに捕らえられ、キリストへの信仰によって根底から変えられ、隠されていた真理の発見がかなうのです。自分の努力によって義とされるのではなく――わたしたちの力によるのではありません。違うのです――、恵みによってキリストがわたしたちを義としてくださるのだという真理です。そうしてパウロは、イエスの神秘を完全に知るために、それまで彼を豊かにしたもののいっさいを放棄するのをいとわなかったのです（フィリピ3・7参照）。神の恵みだけが自分を救ってくれることを知ったからです。わたしたちが義とされたのは、救われたのは、己の功績ではなく、ただただ恵みによるのです。そしてそれは、わたしたちにとって大きな自信となります。わたしたちは確かに罪人です。それでも、ゆるしを請うたびに、わたしたちを義としてくださる神のその恵みを受けて、人生を歩み続けています。ただしそのときに、神がわたしたちを義としてくださるのではありません。わたしたちはすでに義とされているのです。それでも神は、そこでもまた、わたしたちをゆるしてくださるのです。

使徒パウロにとって信仰とは、すべてを包含する価値を有するものです。信仰者の人生の一瞬一瞬に、そしてその全面に触れるものです。受洗のときからこの世を去るときまでのすべてに、救いをもたらすイエスの死と復活への信仰が染みわたっているのです。信仰による義認が強調しているのは、御子を信じるすべての人に神が分け隔てなく与えてくださる恵みこそ、すべてに先立つものであるということです。

だからといって、パウロにとってモーセの律法は失効したという結論にはなりません。むしろ、律法は変わらず、神からの取り消し不可の贈り物であり、使徒いわく「聖なるものであるのです」（ローマ7・12）。わたしたちの霊的生活にとっても、おきてを守ることは不可欠です。しかし、そうではあってもわたしたちは、自分の力に頼ることはできません。根源にあるのは、キリストを通して受ける神の恵みです。その恵みは、わたしたちをあがなってくださったかた、キリストが与えてくださった義認からもたらされるのです。わたしたちはこのかたから無償の愛を受けているのです。それによって今度は自分たちが、目に見えるかたちで愛することができるようになるのです。

これについては、使徒ヤコブの書にある教えを思い起こすとよいでしょう。「人は行いによって義とされるのであって、信仰だけによるのではありません」（ヤコブ2・24）。これは逆のことをいっているように思えますが、そうではありません。「魂のない肉体が死んだものであるように、行いを伴わない信仰は死んだものです」（同26節）。義認が、わたしたちの行いとなって花開くことがなければ、それは埋もれたままであり、死んだも同然です。義認はあります。ですがわたしたちはそれを、行いによって現実にしなければならないのです。ですからヤコブのことばは、パウロの教えを補完するものです。したがって二人とも、信仰の応答として、神への愛と隣人への愛をもっての能動的な行動を求めているのです。なぜ「そのような愛をもっての能動的な行動」なのでしょうか。なぜならその愛がわたしたち全員を救ってくださったから、その愛が無償でわたしたちを義としてくださったからです。無償でです。

義認によってわたしたちは、神の義を示す、長い救いの歴史に加えられます。わたしたちの絶え間ないつまずきと至らなさを前にしても、神はあきらめず、むしろわたしたちを義とすることを望まれ、しかも、イエス・キリストという贈り物の死と復活を通して、恵みによって義としてくださいました。神の行動、神の流儀がどのようなものかについては、すでに何度かお話ししてきました。それを三つの単語で表現してきました。神の流儀は、近しさ、あわれみ、優しさです。神はいつもわたしたちに近く、あわれみ深く、優しくおられます。そして義認とはまさに、わたしたち皆への神の最大の接近であり、わたしたち皆に対する神の最大のあわれみであり、御父の最大の優しさです。義認は、キリストからの贈り物です。キリストの死と復活という、わたしたちを解放してくれる贈り物のことです。「でも神父様、わたしは罪人です。盗みました……」。ええ、だとしても、根源では、あなたは義とされています。その義をキリストによって実現するものにしていただきましょう。わたしたちは根源から罪に定められているのではありません。違います。義とされているのです。いってしまえば、わたしたちは聖人なのです。根源においては。ただし、己の行いによって、わたしたちは罪人となってしまうのです。それでもやはり、根源においては聖人なのです。ですからキリストの恵みが、花開くようにしましょう。その義が、その義認が、前進する力を授けてくれますように。このように信仰の光によってわたしたちは、神のあわれみ――わたしたちのために働く恵み――が、いかに果てしないものであるかに気づけるのです。その光はさらに、神の救いのわざに協力するという、わたしたちに託された責務にも気づかせてくれます。恵みの力を、わたしたちの行う慈善のわざと結ぶ必要があります。神の愛がいかに偉大であるかをあかしするために、わたしたちはそれを生きるよう求められているのです。わたしたちは皆義とされている、キリストにおいて義人である、――この自信をもって、前へ進んでいきましょう。わたしたちはその義を、己の行いによって実行しなければならないのです。

（二〇二一年九月二十九日、パウロ六世ホールにて）

キリストはわたしたちを自由の身にしてくださった

愛する兄弟姉妹の皆さん、おはようございます。

今日もまた、ガラテヤの信徒への手紙の考察を続けます。ここに聖パウロは、キリスト者の自由についての不朽の名言を残しています。キリスト者の自由とは何でしょうか。今日はこのテーマ、「キリスト者の自由」について考えてみましょう。

自由とは、失われて初めてその真価が分かる宝です。自由に生きることに慣れている多くのわたしたちからすると、自由は、大切にすべき贈り物や受け継いだものというより、獲得済の権利のように捉えがちです。自由というテーマを巡っては、数多くの誤解があり、数百年もの間、数々の異なる見解が生じてきました。

ガラテヤの信徒について、使徒パウロが我慢ならなかったのは、彼らがキリストの真理を知り、それを受け入れたにもかかわらず、欺きの提案に釣られて、自由から奴隷へと移ってしまうことでした。つまりイエスという解放の存在から、罪や律法主義などの奴隷に逆戻りすることです。今日でも、律法主義はわたしたちの問題の一つで、多くのキリスト者が律法主義や、判例集に逃げ込みます。だからパウロは信者に対し、洗礼によって得た自由に堅くとどまり、再び「奴隷の軛《くびき》」（ガラテヤ5・1）につながれることがないよう求めます。パウロは自由を、正しく守り抜こうとしているのです。パウロが呼ぶところの「偽《にせ》の兄弟たち」が、「わたしたちを奴隷にしようとして、わたしたちがキリスト・イエスによって得ている自由を付けねらい（パウロの表現です）」（ガラテヤ2・4）、後戻りさせようとして、共同体にこっそり入り込んで来たことに気づいたパウロは、これを見過ごしません。キリストにおいて得る自由を妨げる教えは、まったく福音的ではありません。それは、ペラギウス派やジャンセニストやそれに近いものなのでしょうが、福音的ではありません。何人《なんぴと》も、イエスの名において強いることがあってはなりません。わたしたちを自由の身にしてくださるイエスの名を語り、人を奴隷にすることなどありえません。自由は、洗礼のときにわたしたちに与えられたたまものなのです。

自由に関する聖パウロの教えは、何よりも肯定的です。使徒は、ヨハネ福音書にも同様の記述がある、イエスの教えを示します。「わたしのことばにとどまるならば、あなたたちは本当にわたしの弟子である。あなたたちは真理を知り、真理はあなたたちを自由にする」（ヨハネ8・31―32）。このように、第一に求められているのは、わたしたちを自由にする真理の源であるイエスにとどまることです。ですからキリスト者の自由は、根本的な二本の柱に基づいています。一つ目は、主イエスの恵みであり、二つ目は、キリストがわたしたちに明かしてくださる真理、すなわちキリストご自身です。

自由は第一に、主からの贈り物です。ガラテヤの人々が授かった自由、彼ら同様わたしたちも洗礼で授かった自由は、イエスの死と復活の実です。使徒パウロが説くのは、もっぱら過去の呪縛から自分を解放してくださったキリストについてです。キリストからしか、霊による新たないのちの実は生じません。まさに、罪の奴隷からの解放である真の自由は、キリストの十字架からもたらされるものです。わたしたちは、キリストの十字架によって、罪の奴隷状態から解放されるのです。イエスがご自分を釘打たれるようになさった場、ご自身を奴隷としたその場所に、神は人間の解放の源を置かれたのです。あらゆる自由が奪われる場、すなわち死が、自由の源となるということ――、それはわたしたちにとって、つねに驚きです。しかし、これこそが神の愛の神秘なのです。容易に理解できるものではありませんが、経験しています。イエス自身、次のようにいって、そのことを告げてくださいました。「わたしはいのちを、再び受けるために、捨てる。それゆえ、父はわたしを愛してくださる。だれもわたしからいのちを奪い取ることはできない。わたしは自分でそれを捨てる。わたしはいのちを捨てることもでき、それを再び受けることもできる」（ヨハネ10・17―18）。イエスはご自分を死に明け渡すことで、完全な自由を実現なさいます。そうすることでのみ、すべての人のためのいのちを得ることができるとご存じなのです。

パウロは、この愛の神秘を身をもって体験したのです。だからこそ、ガラテヤの信徒たちに、きわめて大胆な表現を用いて語っています。「わたしは、キリストとともに十字架につけられています」（ガラテヤ2・19）。主とこのうえなく結ばれる行為において、人生の最大の贈り物である自由を受け取ったことをパウロは知っています。パウロはまさに、「肉を欲情や欲望もろとも」（同5・24）十字架につけたのです。わたしたちは、使徒パウロがどれほど信仰に燃えていたか、どれほどイエスと親密であったかを知っています。そして自分にはそれが欠けているとの自覚があり、使徒の証言に、解放されたその人生を歩むよう励まされます。キリスト者は自由であり、自由でなければならず、戒律や、妙なものの奴隷に戻ってはならないと求められているのです。

自由の二つ目の柱は真理です。この場合も、信仰の真理は抽象的な理論ではなく、生きておられるキリストの現実のことであり、個人の人生の日々と全体の意味に直接触れるものであることを忘れてはなりません。学もなく、読み書きすらできないのに、キリストのメッセージを深く理解し、自身を自由にする知恵を得ている人は大勢います。その知恵は、洗礼によって、聖霊を通してその人にもたらされたキリストの知恵です。たとえば高名な神学者たちよりも、キリストのいのちを生き、福音の自由について、すばらしいあかしをしている人はたくさんいます。自由は、人生を変え、善へと向かわせるほどに人を解放するのです。真に自由であるためには、心理的なレベルで己を知るだけでなく、何よりも、己の中で、より深いレベルで、真理を実践することが欠かせません。そして、その心において、キリストの恵みに開かれなければなりません。真理はわたしたちを、落ち着きのなさに陥らせるはずです。「落ち着きのなさ」、この実にキリスト教らしい単語について、もう一度考えてみましょう。落ち着きのなさと無縁のキリスト者がいますね。その人たちはいつも同じように過ごしていて、心に動揺がなく、落ち着きのなさを欠いています。どうしてでしょう。落ち着きのなさは、聖霊がわたしたちの内で働いておられるしるしであり、自由とは、聖霊の恵みによってもたらされる、能動的な自由のことだからです。ですから申し上げたいのは、自由はわたしたちを落ち着かなくさせ、たえずわたしたちを問い詰め、本当の自分に深く迫れるようにするものだということです。こうしてわたしたちは、真理と自由の旅は、生涯続く困難な旅路であることを知るのです。自由であり続けることは骨の折れることで、厄介なことですが、不可能ではありません。さあ、この道を進んでいきましょう。わたしたちにとってよいことです。十字架からもたらされる愛によって導かれ、支えられる旅路です。わたしたちに真理を明かし、自由をもたらしてくださる愛です。これこそが幸せへの道です。自由がわたしたちを自由にし、喜びを与え、幸せにしてくれます。

（二〇二一年十月六日、パウロ六世ホールにて）

キリスト者の自由、解放の普遍のパン種

愛する兄弟姉妹の皆さん、おはようございます。

これまでのガラテヤ書の連続講話では、聖パウロが何を自由の核心としているかを見てきました。すなわちわたしたちは、イエス・キリストの死と復活によって罪と死の奴隷であることから解放されたのです。つまり、わたしたちが自由であるのは解放していただいたからで、自力で買い戻したのではなく、恵みによって解放されたから、愛によって解放されたからです。その愛が、キリスト者が生きるうえで、最大の、新しいおきてとなるのです。愛――。わたしたちが自由であるのは、その愛をもって無償で自由とされたからです。そこが肝心です。

今日のメインテーマは、この新しいいのちが、それぞれの人と文化とを歓迎できるよう、わたしたちをいかに開き、同時に、それぞれの人と文化とをより大きな自由へと開くのかということです。聖パウロは、キリストに従う者については、ユダヤ人で

あるか異邦人であるかはもはや重要ではないと述べています。大切なのは「愛の実践を伴う信仰」（ガラテヤ5・6）だけです。解放されたと信じ、わたしたちを解放してくださったイエス・キリストを信じること、これが愛の実践を伴う信仰です。パウロを中傷する人々（ガラテヤにやって来た原理主義者たち）は、この斬新さをめぐってパウロを攻撃し、パウロは司牧における日和見《ひよりみ》主義、つまり「万人に気に入られる」ためにこうした見解に至っていて、自身の厳密な宗教的伝統からの求めを軽視したと主張しました。これは、今日の原理主義者たちの主張と同じで、歴史はつねに繰り返されるのです。ここに見られるように、福音の斬新さ一つ一つに対する批判は、現代に限ったことではなく、実は長い歴史があるのです。それはともかく、パウロは黙っていません。パウロは「パレーシア」（ギリシア語で大胆さ、強さを表します）をもって応じ、こう述べます。「今わたしは人に取り入ろうとしているのでしょうか。それとも、神に取り入ろうとしているのでしょうか。あるいは、何とかして人の気に入ろうとあくせくしているのでしょうか。もし、今なお人の気に入ろうとしているなら、わたしはキリストのしもべではありません」（ガラテヤ1・10）。すでにテサロニケの信徒への第一の手紙で、パウロは同じように自分を言い表し、自分は説教で「相手にへつらったり、口実を設けてかすめ取ったりはしませんでした。……また、……人間の誉《ほま》れを求めませんでした」（一テサロニケ2・5―6）と述べています。そうしたことは「偽装」の策であり、信仰とはいえない、世俗的な信仰でしかありません。

パウロの考えはここでも、聖霊に触れた深みを示します。彼にとって信仰を受け入れることは、文化や伝統の心を放棄するということではなく、福音の新しさと純粋性を妨げる可能性のあるものだけを放棄することです。なぜなら、主の死と復活によって得た自由は、わたしたちが受け継いできた文化や伝統と対立するものではなく、むしろその中に新たな自由を、解放となる斬新さ、すなわち福音の新しさを引き入れるものだからです。実に、洗礼によって手にした解放によって、わたしたちは神の子としての完全な尊厳を獲得できるようになります。そのため、自分の文化的ルーツにしっかりと根ざしながらも、同時に信仰の普遍性――あらゆる文化に入り込み、その中に存在する真理の種を認め、それを発展させ、その中に含まれる善を充満させる信仰――に対して開かれたものとなるのです。キリストによって、その受難、死、復活によってわたしたちは解放された、それを受け入れるということは、それぞれの民族の異なる伝統をも受け入れ、それを充満させることです。真の充満です。

自由への招きの中に、福音のインカルチュレーションの真意を見ることができます。真意とは何でしょうか。文化の中にある善と真理を尊重しつつ、救い主キリストの福音をのべ伝えることは可能だということです。これは簡単なことではありません。自分の生き方こそが、もっとも進んだ、もっとも魅力的なものであるかのように、押しつけたくなる誘惑は数多く訪れます。福音宣教の歴史の中で、単一の文化モデルを強要することで、どれだけの過ちが犯されてきたことでしょう。規則として生活や生き方を画一化するのは、キリスト教的ではありません。一体となることが正しいのであって、画一化ではありません。これまでも、己の主張を通そうとするあまり、暴力さえも辞さないことがありました。戦争を考えてみてください。このようにして教会は、民族全体の文化的伝統を伝える地域性をもった表現を数多く失わせてきました。しかし、それはキリスト教のいう自由とは相反することです。たとえば思い浮かぶのは、（マテオ・）リッチ神父が中国で、あるいは、（ロベルト・）デ・ノビリ神父がインドで、使徒職の果たし方を確立させていたときのことです。ある人たちは「いや、これはキリスト教的ではない」といいました。いいえ、あれこそがキリスト教的なもので、民衆の文化の中に座すものなのです。

つまり、自由についてのパウロの見方は、キリストの神秘によって全面的に照らされ、実を結ぶのです。第二バチカン公会議が思い起こしているように、キリストは受肉によって、ある意味でご自分をすべての人と一致させたのです（『現代世界憲章』22参照)。そしてそれは画一性ではなく多様性であり、しかも一つに結ばれた多様性です。ですからそこには、各人の文化的背景を尊重する義務があります。支配的な単一の文化が課すいかなる強要にも制限されない自由の場に、各人を置く義務があります。これが、自分たちをカトリックだといい、カトリック教会について語るということです。カトリックとは、他のキリスト教派との区別のための社会学的な呼称ではありません。カトリックは普遍的なという意味の形容詞です。カトリシズムは普遍性、ユニバーサルだということです。普遍教会、すなわちカトリック教会とは、即、まさに本質からして、あらゆる時代のあらゆる民族と文化に対して開かれた存在であることを意味します。なぜなら、キリストはすべての人のために生まれ、すべての人のために死に、すべての人のために復活されたからです。

一方で文化とは、その性質上、絶え間なく変化するものです。文化が大きく変化しているこの時代において、どのように福音をのべ伝えるよう招かれているのか考えなければなりません。高度な科学技術がいっそう支配的になっているような時代です。わたしたちが、過去何世紀もの間行ってきたように信仰を語るつもりでいるなら、新しい世代にはもはや理解してもらえない可能性もあります。キリスト者の信じる自由、つまりキリスト者の自由は、生活や文化についての固定した概念を示しはしません。

むしろダイナミックなイメージ、伝統の中にあってもダイナミックなイメージを示します。伝統は成長していくものですが、同じ性質を必ず備えています。ですからわたしたちは、自由の所有者なのだとうぬぼれてはなりません。わたしたちは、大切にすべき贈り物を受け取ったのです。むしろそれは、その完成を目指してたえず旅を続ける者であることを、一人ひとりに求める自由です。それが旅する者の姿勢であり、歩み続ける者、出エジプト——奴隷状態から解放され、自由の完成に向けて歩む——を続ける者の姿です。そしてそれこそが、イエス・キリストがわたしたちにくださった大きな贈り物です。主は、わたしたちを無償で奴隷状態から解放してくださり、完全な自由に向けて歩む道へと導いてくださったのです。

（二〇二一年十月十三日、パウロ六世ホールにて）

愛の行いで実現される自由

愛する兄弟姉妹の皆さん、おはようございます。

ここ数回、ガラテヤ書に耳を傾けながら、信仰がもたらす自由について話をしています。でもあの子が、家で振る舞うように自由に、そばに来て動き回るのを見ていると、子どもたちの伸びやかな心と自由について、イエスのいわれたことが思い出されました（訳注：講話前の福音朗読の間、十歳の少年が壇上に上り、教皇に近づき、まとわりついた。教皇も少年の両手を握り、歓迎の面ざしで微笑んだ。少年は教皇のズケットに興味を示し、触れたり、朗読中の司祭の手を引いてズケットを見るよう促したりと自由に振る舞った後、講話の開始前に会衆席の母親のもとに戻った。母親によると、癲癇と自閉症を患うその子は、当時健康状態が優れず、医師から脳腫瘍の疑いも告げられていた。階段を上るのに支えや手すりが必要な容態であったが、数度つまずきつつも自力で教皇のもとへと階段を上がったと報じられた）。イエスは語られます。「あなたがたも、子どものようにならなければ、天の国に入ることはできない」。主のそばにいく大胆さ、主に心を開く大胆さ、主を怖い存在と思わない大胆さ。あの子が、わたしたち皆に教えてくれたものに感謝したいと思います。制約を抱える彼を、その成長を、主が助けてくださいますように。あの子は思いのままに、というあかしをしてくれたのですから――。幼い子は、思いを生活になじませる自動翻訳機を持ち合わせていません。思いが先行するのです。

使徒パウロは、ガラテヤの信徒への手紙を通して、信仰のとてつもない新しさへとわたしたちを少しずつ導いてくれます。実にすごい新しさです。人生のある面だけを新たにするのではなく、洗礼によって授かる「新しいいのち」へとわたしたちを導くものだからです。そこでは、神の子となるという最高のたまものがわたしたちに注がれたのです。キリストにおいて生まれ変わったわたしたちは、戒律で培った信仰心から、生きた信仰へ、神との交わり、兄弟姉妹との交わり、すなわち愛に中心を置く信仰へと移ったのです。恐れと罪の奴隷状態から、神の子らである自由へと過ぎ越したのです。ここでもまた「自由」という語です。

使徒パウロが何をこの自由の核心と考えているのか、今日はこのことについて理解を深めたいと思います。パウロは、自由とは「肉に罪を犯させる機会」(ガラテヤ5・13)ではないと断言しています。自由とは、肉に従う、すなわち本能や、個人の欲望や、利己的な衝動に任せた、奔放な生き方ではありません。そうではなく、イエスによる自由はわたしたちを、使徒パウロが記すように、「互いに仕える」（同）者にします。では、これは隷従なのでしょうか。そうです。キリストにおける自由には、一種の「しもべ」としての要素が、奉仕へと、他者のために生きることへと導く側面があります。真の自由とは、言い換えるなら、愛の行いでもって完全に表出されるものです。ここでまた、福音のパラドックスに直面することになります。わたしたちは奉仕においてて自由になるのであって、自分の望むままをするのではありません。奉仕することで自由な者であり、自由はそこから生まれます。自分を差し出せばそれだけ、自己を完全に見いだすのです。己を差し出すほどに、わたしたちは完全に自分を見いだすことになるのです。いのちを失う者が、そのいのちを得るのです（マルコ8・35参照）。それがまさしく福音なのです。

ところで、このパラドックスはどのように説明できるのでしょうか。使徒パウロの答えはシンプルですが、その分厄介です。「愛によって」（ガラテヤ5・13）というのです。愛なくして自由はないのです。自分のやりたいことをするという利己的な自由は、自由ではありません。自分に向かうだけで、何ら実りをもたらさないからです。わたしたちを自由にしてくださったのはキリストの愛であり、よりひどい隷属状態、つまりエゴからわたしたちを解放してくれるのも、やはり愛です。ですから自由は、愛とともに増大します。しかし気をつけてください。自由を増大させるのは、仲間うちの愛、メロドラマ的愛、自分に都合のよいもの、好きなものを求めるだけの情熱ではありません。そうではなく、キリストに見る愛、いつくしみによって広がっていくのです。それこそが、真に自由で開かれた愛なのです。弟子たちの足を洗い、「わたしがあなたがたにしたとおりに、あなたがたもするようにと、模範を示したのである」（ヨハネ13・15）といわれたイエスに倣った、私欲のない奉仕に輝き出る愛です。互いに仕え合うことです。

つまり、パウロにとっての自由とは「わがままのし放題」とは違うものです。そのようなたぐいの、目的も基準もない自由は、空っぽの自由、道化芝居の自由です。何の意味もありません。まさにそれだと、中に残るのは空だけです。本能のままに行動した結果、心の中に残るのは大きな虚無感だと悟ることがどれほど多いことか。自由という宝を、わたしたちのため、他者のためのまことの善を、選びうる美を誤用したと、はっとすることがどれほど多いことか。パウロの語る自由だけが中身のある、実体のある自由であり、わたしたちを毎日の現実の生活につないでくれます。真の自由はわたしたちを必ず解放してくれますが、「好き嫌い」の自由を求めるなら、わたしたちは空っぽなままで終わるのです。

別の書簡、コリントの信徒への第一の手紙で使徒パウロは、自由についての間違った考えにある人たちに反論しています。その人たちが「すべてのことが許されている」というのに対し、パウロは「しかし、すべてのことが益となるわけではない」とこたえています。「すべてのことが許されている。しかし、すべてのことがわたしたちを造り上げるわけではない」とパウロは述べています。そして次のように続けます。「だれでも、自分の利益ではなく他人の利益を追い求めなさい」（一コリント10・23―24）。これは、あらゆる利己的な自由の正体を暴く基準となります。またパウロは、自由を自分の好みのものだけに限定しようとする誘惑にさらされる人に対しては、愛から求められることを示しています。愛が率いる自由だけが、他者と自分自身を解放する自由、押しつけせずに耳を傾ける自由、強いることなく愛するすべを知る自由、破壊するのではなく築き上げる自由、己の都合のために他者につけ込まず、利己心からではなく他者に善を行う自由なのです。つまり自由が役立たなければ――これが基準になります――、自由が善に役立つものでなければ、不毛で実を結ばないおそれがあるのです。一方、愛に駆り立てられる自由は、貧しい人々のもとへと導き、彼らの顔にキリストの顔を見るのです。それゆえガラテヤ書でパウロは、互いに仕え合うことはまったく二次的なものではないことを伝えるに至ったのです。他の使徒たちから与えられた福音宣教における自由について語る中でパウロは、自分は彼らから、ただ一つのことを託されたのだと力説しています。貧しい人たちのことを忘れてはならないということです（ガラテヤ２・10参照）。これは興味深いことです。パウロと他の使徒たちの意見の対立が解決したとき、使徒たちはパウロに何といったでしょうか。「行きなさい。ただし貧しい人たちのことを忘れないように」といったのです。つまり、のべ伝える者としてのあなたの自由は、あなたのため、あなたがしたいようにするためのものではなく、他者に仕える自由なのだと。

しかし知ってのとおり、この時代、自由について広く共有されている理解の一つはこうです。「あなたの自由が始まると、わたしの自由は終わる」。しかし、そこには関係性が、つながりが欠けています。個人主義的な見方です。これとは反対に、イエスからもたらされた自由のたまものを受けた人は、他者を面倒に思って、他者から距離を置くことが自由であるなどと考えたりはしません。人間を、その者だけで閉じられた存在とみなすことはせず、必ず共同体の一部であると理解するはずです。社会的側面はキリスト者にとって基礎となるものであり、それによって、私利私欲ではなしに共通善を考えることができるのです。

とくにこの歴史的瞬間においては、自由の個人主義的な側面ではなく、共同体的な側面を再発見する必要があります。パンデミックは、わたしたちには互いが必要であることを教えてくれましたが、それを知るだけでは足りません。わたしたちは毎日、具体的に、それを選ばなければなりません。その道を進む覚悟が必要です。他者はわたしの自由の妨げではなく、むしろわたしの自由を完全に実現するための機会となるのだと言明し、それを信じてください。なぜなら、わたしたちの自由は神の愛から生まれ、愛の行いで拡大するものだからです。

（二〇二一年十月二十日、パウロ六世ホールにて）

霊の結ぶ実

愛する兄弟姉妹の皆さん、おはようございます。

聖パウロの説教は、ひたすら、イエスとその過越の神秘を中心としています。現に使徒は、自分はキリストを告げる者、十字架につけられたキリストを知らせる者であると名乗ります（一コリント2・2参照）。おきてやしきたりを守ることに信仰の基盤を置こうとしていたガラテヤ人たちに、救いと信仰の中心は主の死と復活であることを思い起こさせます。パウロは、イエスの十字架の現実を示すことによって、それを思い起こさせようとしました。こう書いています。「だれがあなたがたを惑わしたのか。目の前に、イエス・キリストが十字架につけられた姿ではっきりと示されたではないか」（ガラテヤ3・1）。だれにかどわかされて、十字架につけられたキリストから離れているのか、と。ガラテヤの信徒にとって、望ましくない状況です。

今日においても、多くの人が、生けるまことの神よりも、宗教的に間違いでないという安心を求め、愛の神を全身全霊をもってかき抱くよりも、儀式や戒律に重きを置いています。これが新しい原理主義者たちの誘惑、行く道を不安に思う者、安心感のために前より後ろに進む者たちによる誘惑です。この者たちが求めるのは、神についての安全であり、安全をもたらす神ではありません。だからパウロはガラテヤの信徒たちに、本質的なものへと、十字架につけられたキリストによってわたしたちにいのちを与えてくださる神へと立ち帰るよう求めるのです。パウロはこれを一人称であかししています。「わたしは、キリストとともに十字架につけられています。生きているのは、もはやわたしではありません。キリストがわたしの内に生きておられるのです」（ガラテヤ2・19―20）。そして書簡の終わりにかけて、次のように断言しています。「このわたしには、わたしたちの主イエス・キリストの十字架のほかに、誇るものが決してあってはなりません」（ガラテヤ6・14）。

霊的生活の道筋を見失ってしまうなら、あまたの問題や思いに煩わされるなら、パウロの助言に耳を傾けてください。十字架につけられたキリストのみ前に立ち、再びキリストから出発しましょう。十字架像を手に取り、胸に押しつけてください。または、聖体礼拝のひとときをもってください。聖体においてイエスはわたしたちのために裂かれたパンであり、十字架から復活したかたであり、わたしたちの心に愛を注ぐ神の力です。

ではここで、引き続き聖パウロの導きでもう一歩踏み込んでみましょう。考えてみてください。祈りの中で十字架のイエスと向き合うと、何が起こるでしょうか。十字架のもとで起きたことと同じことが起こります。イエスは霊をお渡しになった（ヨハネ19・30［フランシスコ会訳］参照）、すなわちご自分のいのちを差し出されたのです。ですから聖霊はイエスの過越から流れ出るもので、霊的生活の始まりなのです。わたしたちの心を変えるのは霊であるかたです。わたしたちのわざではありません。わたしたちの心を変えるのはそのかたであって、わたしたちの行いによるのではありません。わたしたちの内におられる聖霊の働きが、わたしたちの心を変えるのです。教会を導いてくださるのはそのかたであって、わたしたちはその霊のわざに、聖霊が望む行き先へ、望むがままに、従順であるよう呼ばれているのです。さらに、聖霊がすべての人の上に降《くだ》ったこと、聖霊の恵みがいっさい排除なしに働いていることを悟ったからこそ、使徒の中で消極的だった者たちでさえ、イエスの福音は少数の選ばれた者たちのためのものではなく、すべての人に向けられたものだと納得したのです。ですから安定を求め、少数派であること、当時と同様に明確な枠組みを求める人は、聖霊に背を向け、聖霊の自由闊達さが自分たちの中に入り込むことを許しません。共同体の生活は、このように聖霊によって新たにされるのです。わたしたちがキリスト者としての生活を培い、霊的な戦いを続けられるのは、つねに聖霊のおかげなのです。

霊的戦いこそが、ガラテヤ書のもう一つの大事な教えです。使徒パウロは対立する二つの勢力を示します。一方は「肉のわざ」、他方は「霊の結ぶ実」です。肉のわざとはどのようなものでしょうか。それは神の霊に反する振る舞いです。使徒パウロが肉のわざと呼ぶのは、わたしたち人間の肉自体に間違ったものや悪いものがあるからではありません。むしろパウロは、十字架のキリストが背負われた人間の肉体をどれだけ強調しているかを、わたしたちは知っています。肉とは、人間の地上に限定された側面を指す語で、己だけで完結した、この世的な欲に従うだけの平たい生き方に閉ざされた状態です。わたしたちを高め、神と他者に開かせてくださる聖霊に扉を閉ざしています。ですが、聖霊がいのちを与えるものである一方で、肉が思い出させてくれることもあります。すべては老い、移ろい、朽ちていくということです。そこでパウロは肉のわざを列挙します。利己的に性を用いること、呪術——偶像礼拝です——、そして「敵意、争い、そねみ、不和、仲間争い、ねたみ……」（ガラテヤ5・19―21参照）など、対人関係を損なうすべてのものです。このすべてが、肉のいわば結ぶ実であり、ひたすら人間的な、「病んだ」人間の振る舞いです。人間にはその固有の価値がありますが、これらはすべて「病んだ」人間のものだからです。

一方、霊の結ぶ実とは、「愛であり、喜び、平和、寛容、親切、善意、誠実、柔和、節制」（ガラテヤ5・22―23）だと、パウロは述べます。洗礼によって「キリストを着ている」（ガラテヤ3・27）キリスト者は、そのように生きるよう招かれています。たとえば、聖パウロが示した一覧を読んで自分の行いがそれに一致しているかを振り返ること、自分の生活が聖霊に本当に従っているかどうか、これらの実を結んでいるかどうかを確かめること、それはよい霊的修練となります。自分の人生は、こうした愛、喜び、平和、寛容、親切、善意、誠実、柔和、節制といった実を結んでいるだろうか。たとえば、最初に挙げられている三つは、愛、平和、喜びですが、これらによって、聖霊の住まう人を見分けることができます。平和のうちにある人、喜ぶ人、愛する人。この三つを手がかりに、聖霊の働きを見ることができます。

使徒パウロのこの教えは、わたしたちの共同体にとっても大きな挑戦です。教会に足を運ぶ人が、決まりやおきての分厚い束を突きつけられるような印象を抱くことがあります。もちろん、教会はそういうものではありません。それは、どんな団体にも起こりえます。実際、あまりに多くのおきてや、無数の末節に分かれる道徳理解からは、イエス・キリストへの信仰の美をとらえることはできず、それは平和をもたらす祈りと、喜びに満ちたあかしによって培われる、愛の本来の豊穣《ほうじょう》さを忘れさせてしまうのです。同様に、諸秘跡で表される霊の活力は、回心の生み手である聖霊の恵みに触れられなくする、官僚主義によって封じられることはありません。わたしたち司祭や司教は、秘跡を授ける際、民を迎える際、官僚的になっていることがどれだけあるでしょう。その結果、人々は「こんなのは嫌だ」といって去っていきます。わたしたちを新たに生み、新しくしてくださる聖霊の力を、わたしたちを通して見ることができないことがよくあるのです。ですからわたしたちには、愛の霊の息吹によって力を得て、十字架につけられ復活したキリストをのべ伝えるという大きな責任があります。人の心を引き付け、変える力をもつのは、この愛だけだからです。

（二〇二一年十月二十七日、パウロ六世ホールにて）

聖霊の導きに従って歩みなさい

愛する兄弟姉妹の皆さん、おはようございます。

今朗読されたガラテヤ書の箇所で、聖パウロはキリスト者に、聖霊の導きに従って歩むよう勧めています（ガラテヤ5・16、25参照）。聖霊に従って歩むという流儀があるのです。確かに、イエスを信じるということは、最初の弟子たちがそうしたように、イエスの後に続くこと、イエスの道を歩むということです。そしてそれは逆の道、使徒パウロが「肉の欲望」（16節）と呼ぶところの利己的な道、己の利益を求める道を避けることでもあります。聖霊は、キリストの道を歩むこの旅の導き手です。すばらしい行程でありつつも、骨の折れる道のりでもあり、洗礼から始まり生涯続くものです。高山での長い山歩きを思い浮かべてください。魅力的で、山頂には心惹かれますが、苦労も多く粘り強さも求められます。

このイメージは、「霊の導きに従って歩む」、聖霊に「導かれる」という、使徒パウロのことばを理解するのに役立つでしょう。登山の描写は、わたしたちが最初の困難で立ち止まってしまわないよう、かえって「上から来る力」（『ヘルマスの牧者』43・21〔荒井献訳、『使徒教父文書』講談社、一九七四年、二三八頁「第十一のいましめ」〕）への信頼を抱かせる、動き、流れ、ダイナミズムを示します。この道を歩むことで、キリスト者は人生に対し前向きな展望を得るのです。それは、この世の悪が消え去るとか、利己心や高慢といった望ましくない衝動の力が抑えられるのとは違います。そうではなく、神はいつだって、わたしたちの抵抗の力より強く、わたしたちの罪よりも偉大であると信じるということです。それが重要なのです。

使徒パウロは、ガラテヤの信徒たちにこの道を歩むように勧める際、自分も彼らと同じところに立ちます。パウロは「歩みなさい」（16節）という命令形の動詞をやめて、直接法で「わたしたち」を用います。「わたしたちは、……霊の導きに従って前進しましょう」（25節）。つまり、ともに同じ道を歩みましょう、ともに聖霊に導かれて歩みましょう、といっているのです。助言、勧めの言い回しです。聖パウロは、この勧めが自分にも必要だと感じているのです。キリストが自身のうちに生きておられることを知りつつも（2・20参照）、自分がまだゴールには、山の頂《いただき》にはたどり着いていないとの自覚もあるからです（フィリピ3・12参照）。使徒パウロは自分を共同体より上に位置づけはしません。「わたしがトップで、あなたたちはその他大勢。わたしは山頂に達しているが、あなたがたはまだ途上である」とはいいません。むしろパウロは、旅する皆のただ中に身を置き、神に従い、聖霊の導きにもっともっとこたえていくことがいかに必要であるかを具体的に示すのです。自身にゆだねられた民とともに歩み、彼らと離れずにいる牧者がいるのは、本当に美しいことです。これはとてもすばらしいことで、魂にとってよいことです。

この「霊の導きに従って歩む」ことは、個人の行為というだけではありません。共同体全体にもかかわることです。実際、使徒パウロが示した道に従って共同体を築くことは、胸高まることですが、骨の折れることでもあります。だれもがもっているといえる、「肉の欲望」、「誘惑」、つまり、ねたみ、偏見、偽善、恨みは、つねに頭をもたげており、またすぐに戒律の厳格な盲従をよりどころにしようとする誘惑が迫ります。そうなれば、自由の道から外れてしまい、頂まで登るどころか転がり落ちていくだけです。聖霊の道を歩むには、第一に、恵みといつくしみに場を譲ることが求められます。神からの恵みに場を明け渡してください、恐れずに。パウロは厳しい口調で伝えた後、それぞれで互いの苦労を引き受け、だれかが誤ることがあっても、柔和な態度で接するようガラテヤの信者に勧めます（5・22参照）。そのことばに耳を傾けましょう。「兄弟たち、万一だれかが不注意にも何かの罪に陥ったなら、〝霊〟に導かれて生きているあなたがたは、そういう人を柔和な心で正しい道に立ち帰らせなさい。あなた自身も誘惑されないように、自分に気をつけなさい。互いに重荷を担いなさい」（6・1―2）。うわさ話とはまったく違う姿勢です。うわさ話は霊に導かれるものではありません。霊の導きに従うというのは、兄弟姉妹を正す際にはそのように温かく接し、そのような罪に陥らないよう謙遜をもって自分自身を見守ることです。

実際、してしまいがちですが、他者にあれこれ厳しくいいたくなるときは、まず自分自身の弱さを顧みなければなりません。人を批判するのは簡単です。まったく、うわさ話の学士のような人までいます。その人たちは毎日、人を批判しています。さあ、自分を見てみなさい。何ゆえ兄弟姉妹を正そうとしてしまうのか、彼らの過ちには自分にも責任の一端があるのではないか、そう胸に聞いてみるとよいでしょう。聖霊は柔和のたまものを与えてくださるのに加えて、わたしたちを連帯へと、他者の重荷を負うようにと招いておられます。病気、失業、孤独、苦悩……、一人の人生にどれだけの重荷があることでしょう。どれだけの人が、兄弟姉妹の寄り添いと愛を必要とする試練に置かれていることでしょう。この聖書箇所を注解した聖アウグスティヌスのことばも、理解の助けとなります。「それゆえ兄弟たちよ、人が何らかの過ちに陥ったなら……、柔和の心で、その人を正しなさい。声を荒げてしまっても、心の内には愛をもちなさい。励ますとも、父親のように接するとも、考えを改めさせようとも、厳しくしようとも、愛をもって行いなさい」（「パウロの手紙説教」163Ｂ３）。どんなときも愛するのです。兄弟姉妹を正すうえで守るべき第一の法は愛です。兄弟姉妹の善益を願うことです。他者の課題を、他者の過ちを、そっと、祈りのうちに寛大に受け止めること、それから、その人が自ら正せるようになる義の道を見つけることが大事なのです。これは簡単なことではありません。すぐにやってしまうのはうわさ話です。まるで自分は完璧かのように、相手の「皮をはぐ」ことです。それはやってはいけません。柔和、寛容、祈り、寄り添い――。

聖霊に導かれながら、この道を、喜びと寛容をもって歩みましょう。

（二〇二一年十一月三日、パウロ六世ホールにて）

倦まずたゆまず歩む

愛する兄弟姉妹の皆さん、おはようございます。

今回で「ガラテヤの信徒への手紙」に関するカテケージスが終わります。聖パウロが書いたこの手紙の内容について、さまざまな考察を続けてきました。神のことばは尽きることのない泉です。使徒パウロはこの手紙の中で、宣教者として、神学者として、また司牧者として、わたしたちに語りかけてくれました。

アンティオキアの聖イグナツィオ司教は、美しい表現をもって次のように記しています。「「師はただお一人だけ」であり、この師は、「仰せられると、そのようになった」と伝えられているおかたで、このおかたが口に出さずに行われたわざも父なる神のみ旨にかなったものでした。イエスのみことばをしっかりと心の中に受け止めた人なら、イエスの教えがたとえ無言のものであっても、イエスの無言のメッセージでさえも聞き取ることができるものです」（「エフェソの教会への手紙」15［A・コルベジエ、渡辺高明編訳、『アンティオキアのイグナチオ――七つの手紙とその足跡』風響社、一九九四年、六七頁〕）。使徒パウロは、この神の沈黙の声を拾えることができたといえるでしょう。パウロの独創的な洞察は、イエス・キリストの啓示がもつ驚愕の斬新さを発見する助けとなります。彼はキリストの神秘を観想し、自身の創造的な知恵を駆使してそれを伝える真の神学者でした。迷い戸惑う共同体に対しては、自らの司牧的使命も果たしていました。時に皮肉り、時に厳しく、時に柔和に……さまざまな手法でその務めを果たしていました。使徒としての権威をはっきりと示しながらも、自身の人格的弱さを隠すことはしませんでした。聖霊の力が、彼の心に確かに刻まれています。復活のキリストとの出会いが、彼の生き方すべてに及び、変容させたのです。だからパウロは、全生涯を福音への奉仕にささげたのです。

　パウロはキリスト教を、波風を立てない、挑むこともなく、激烈さをもたないものとは、決して考えませんでした。キリストがもたらした自由を情熱的に訴える姿は、今なおわたしたちの胸を打ちます。彼が耐えなければならなかった苦しみや孤独を思うと、なおさらです。パウロは、自分だけが応じうる呼びかけを受け取ったと確信していました。だからガラテヤの信徒たちにも、その自由へと招かれていることを説明したかったのです。古代からの約束の相続人となり、キリストにあって、神の子らとされたことであらゆる奴隷状態から解放される自由です。パウロはこの自由の概念に存するリスクを認識しつつも、それによってもたらされるものを軽視しませんでした。キリスト教のいう自由のもつリスクを知ってはいても、それがもたらすものを軽くは考えませんでした。パウロは「パレーシア」をもって、つまり大胆に、自由は放蕩とは別物で、また思い上がった自己充足につながるものでもないと、繰り返し説きました。それどころかパウロは、自由を愛の影として位置づけ、その実践は愛の奉仕に齟《そ》齬《ご》のないものだとしました。こうした見解すべてが、聖霊に従う生き方という視点の上に据えられていました。聖霊は、神がイスラエルに与えたおきてを果たせるようにしてくださり、罪の奴隷に戻らぬよう守ってくださるかたです。つねに、後戻りさせようとする誘惑があります。キリスト者の定義の一つを聖書の中に見るなら、わたしたちキリスト者は後戻りしない者、引き返さない者です。美しい定義です。そして誘惑は、より安全であることを求めて後戻りしよう、聖霊によって運ばれる新しいいのちを無視して律法へと後戻りしよう、というものです。パウロは教えています。まことの律法は、イエスが与えてくださったこの聖霊のいのちに完成を見るものだと。そして、この聖霊のいのちは、自由において、キリスト者の自由においてのみ、生きることができるのです。これは、最高に美しいことの一つといえるでしょう。

この連続講話の終わりに思うのは、わたしたちの中に二つの姿勢が生じるだろうということです。一つは、使徒の教えによってわたしたちに生まれる熱意です。直ちに自由の道を歩みたい、「聖霊に従って歩み」たいと、駆り立てられるのを感じます。つねに聖霊に従って歩むこと、それがわたしたちを自由にします。もう一方は、自分の限界の自覚です。聖霊に従順であることが、聖霊の恵みのわざに従うことが、どれほど難しいことであるかを、日々身をもって体験しているからです。そうなると、熱意の冷める倦怠感に襲われます。士気が落ち、弱気になり、世の中の生き方から外れているという気にもなります。そうしたときにはどうしたらいいか、聖アウグスティヌスは嵐の日の湖についての福音物語を引き合いにして、ヒントを示しています。次のように述べます。「あなたの心の中のキリストへの信仰は、舟の中におられるキリストのようなものです。あなたは侮辱され、疲れ果て、心乱れていて、そしてキリストは眠っている。キリストを目覚めさせ、信仰を奮い立たせなさい。動揺してはいても、何かはできます。自身の信仰を揺り動かしなさい。キリストは目を覚まし、あなたに語ってくださいます。……ですから、キリストを目覚めさせることです。……語られたことを信じなさい。そうすれば心には、深い安らぎが訪れるでしょう」（『パウロの手紙説教』163／B6参照）。困難にあるわたしたちはちょうど、聖アウグスティヌスがここでいうように、嵐の中の舟にいるようなものです。では、使徒たちはどうしたでしょうか。彼らは、嵐の最中に、眠っておられたキリストを起こしました。イエスはそこにおられました。つらいときにわたしたちができる唯一のことは、内におられるけれども、舟でそうだったように「眠っておられる」キリストを目覚めさせることです。まさにそうなのです。心の中におられるキリストを目覚めさせなければなりません。そうすることで初めて、そのかたのまなざしでじっくり見ることができるようになります。キリストは嵐の先をご覧になっているからです。キリストの晴れ渡るまなざしを通して、自分だけでは見ることさえ思い及ばなかった光景を、見られるようになるのです。

骨は折れるものの魅力的なこの旅路で、使徒パウロはわたしたちに、よいことを行うことに疲弊している余裕はないと思わせてくれます。倦《う》まずに善を行うのです。聖霊は必ずわたしたちの弱さを助けに駆けつけ、必要な支えを与えてくださることを信じなければなりません。ですからもっと頻繁に、聖霊に祈り求めることを学びましょう。こう考える人がいるかもしれません。「ではどうやって聖霊に祈り求めたらいいのですか。主の祈りがありますから、御父への祈り方は知っています。アヴェ・マリアの祈りがありますから、聖母マリアへの祈り方も知っています。イエスの五つの傷をたたえる祈りもありますから、イエスへの祈り方も分かっています。でも聖霊にはどう祈ったらいいのでしょう。聖霊への祈りってどんなものですか」。聖霊への祈りは自然にわき出るものです。あなたの心の内から出てくるものです。苦しいときにはいわなければなりません。「聖霊来てください」と。「来てください」、これがキーワードです。ただし、あなた自身のことばで、あなたの言い方でいわなければなりません。来てください、困っています。来てください、闇の中です、真っ暗です。来てください、どうしたらいいのか分かりません。来てください、倒れそうです。来てください。来てください。――これが聖霊を呼び求める聖霊のことばです。もっと頻繁に聖霊を呼び求めることを学びましょう。一日のいろいろなときに、簡単なことばでできます。そして聖霊降臨に教会が唱える美しい祈りは、きっと小型版福音書にも載っているでしょうから、持ち歩けるはずです。「聖霊来てください。あなたの光の輝きで、わたしたちを照らしてください。貧しい人の父、心の光、あかしの力を注ぐかた。やさしい心の友、さわやかな憩い、揺らぐことのないよりどころ……」。来てください。こう続いていく美しい祈りです。この祈りの核は、「来てください」です。これは聖母マリアと使徒たちが、イエスが天に昇られた後に祈ったものです。彼らだけで高間に残り、聖霊を呼び求めていました。わたしたちも、繰り返し祈るといいのです。

「聖霊来てください」と。聖霊の臨在によって、わたしたちは自由を守ります。自由な者に、自由なキリスト者になるでしょう。否定的な意味での過去に執着することなく、慣習に縛られることなく、キリスト者の自由を、つまりわたしたちを成熟させる自由を得た、自由な者となるのです。この祈りは、わたしたちが聖霊のもとで、自由と喜びのうちに歩む助けとなるでしょう。聖霊が来てくだされば、喜びが、真の喜びがもたらされるからです。主の祝福が皆さんの上にありますように。

（二〇二一年十一月十日、パウロ六世ホールにて）

聖ヨセフ

聖ヨセフとその暮らし

愛する兄弟姉妹の皆さん、おはようございます。

一八七〇年十二月八日、福者ピオ九世は、聖ヨセフを普遍教会の保護者と宣言しました。それから百五十年を経て、わたしたちは今、聖ヨセフにささげる特別な一年を過ごしています（訳注：教皇の宣言により、二〇二〇年十二月八日から二〇二一年十二月八日までが、この百五十年を記念する「ヨセフ年」として祝われた）。わたしは使徒的書簡『父の心で（*Patris Corde*）』（二〇二〇年十二月八日）の中で、この人物についての考察をいくつかまとめました。かってないほど、さまざまな要素を含む世界的危機に見舞われている現代において、聖ヨセフはわたしたちにとって支え、慰め、導きとなってくださいます。そこで、連続講話で聖ヨセフを取り上げることにしました。講話が、聖ヨセフの模範とあかしに照らしを受ける一助となれば幸いです。これから数週間にわたり、聖ヨセフについてお話ししましょう。

聖書には、ヨセフという名前をもつ人物が十人以上登場します。なかでも重要なのは、ヤコブとラケルの息子です。このヨセフは、波乱万丈な人生を送り、奴隷の身からエジプトでファラオに次ぐ地位にまで上り詰めた人物です（創世記37〜50章）。ヨセフという名前は、ヘブライ語で「神がいや増してくださいますように、神が引き上げてくださいますように」という意味です。神の摂理に信頼した願いであり、祝福の祈りです。とくに、多産と子の成長に関連する願いです。まさにこの名前にこそ、ナザレのヨセフの人柄の本質を成す部分が明かされています。このかたは、神の摂理への信頼に満ちています。神の摂理を信じているのです。福音書が語る聖ヨセフの行動の一つ一つに、神は「成長させてくださる」、神は「いや増やしてくださる」、神は「増し加えてくださる」という確信、つまり、神はご自分の救いの計画が進むように手はずを整えてくださるという確信が刻まれています。この点において、ナザレのヨセフは、エジプトのヨセフにとてもよく似ています。

またヨセフに関する重要な地名、ベツレヘムとナザレは、その人物像を理解するうえで重要な役割を果たしています。

旧約聖書ではベツレヘムの町は、「パンの家」という意味の「ベース・レヘム」、あるいは、その地に定住した部族に由来して「エフラタ」とも呼ばれています。アラビア語ではこの名は「肉の家」を意味しますが、おそらくそれは、この地に多くの羊と山羊の群れがいたからだと思われます。ですからイエスがお生まれになったとき、その出来事の最初のあかし人が羊飼いたちだったのも偶然ではありません（ルカ2・8―20参照）。イエスの人生に照らして、このようにパンや肉を示唆することばは、聖体の神秘を物語っています。イエスは、天から降《くだ》って来た生きたパンだからです（ヨハネ6・51参照）。ご自身のことを「わたしの肉を食べ、わたしの血を飲む者は、永遠のいのちを得（る）」（ヨハネ6・54）と語るようになるかたです。

創世記までさかのぼると、聖書にはベツレヘムという語は複数回登場します。短いながらも圧巻のルツ記で語られるルツとナオミの物語も、ベツレヘムに関連しています。ルツはオベドという息子を生み、オベドにはダビデ王の父となるエッサイが生まれました。そしてこのダビデの家系に、イエスの養父ヨセフが生まれます。預言者ミカは、ベツレヘムについて大いなることを預言しました。「エフラタのベツレヘムよ、お前はユダの氏族の中でいと小さき者。お前の中から、わたしのために、イスラエルを治める者が出る」（ミカ5・1）。福音記者マタイはこの預言を取り上げ、その明らかな実現としてイエスの人生に結びつけることになります。

神の御子はまさに、受肉の地にエルサレムではなく、世をにぎわすものや、時の権力から遠く離れた、ベツレヘムとナザレという二つの辺境の村をお選びになりました。もっとも、エルサレムは主に愛された都市でしたし（イザヤ62・1―12参照）、神が住まう場所にお選びになった（ゼカリア3・2、詩編132・13参照）、「聖なる都」（ダニエル3・28）です。事実そこには、律法学者、ファリサイ派、祭司長、民の長老たち（ルカ2・46、マタイ15・1、マルコ3・22、ヨハネ1・19、マタイ26・3参照）が住んでいました。

だからこそベツレヘムとナザレをお選びになることには、神がひいきになさるのは周縁や外れであるということが表れています。イエスはエルサレムで高貴な人たちに囲まれてお生まれになったのではありません。辺境の地にお生まれになり、三十歳になるまで、そうした辺鄙《へんぴ》な場所で暮らし、ヨセフと同じく大工として働いておられました。イエスにとっては、周縁や外れこそ愛着のあるものです。この事実を真摯に受け止めないのは、福音や神のみわざを真剣に受け止めていないのと同じです。神は、地理的・実存的周縁でご自身を現し続けておられるからです。主はいつも、周縁で、ひっそりと働いておられます。わたしたちの魂の中であっても、魂の片隅で、感情のひそやかな部分で、おそらく羞恥を抱く感情の中で働かれます。そこにいて主は、わたしたちが前へと進めるよう助けておられます。主は、地理的にも、実存的にも、周縁部でご自身を現し続けておられます。とくに、イエスは罪人たちを探しに行かれ、周その家を訪れ、彼らに話し、回心へと招かれます。そのために非難も受けます。「なんて先生だ」と律法学者はいいます。罪人たちと食事をするなんて、汚れることだ、と。イエスは、悪事に手を染めたわけでもないのに苦しみの中にある人々、つまり病気の人、飢えた人、貧しい人、いちばんの弱者を目掛けて行かれます。イエスはいつも周縁を目指して行かれるのです。このことは、わたしたちに大きな自信となります。主は、わたしたちの心の奥を、魂の隅々を、社会、都市、家族の周縁部をご存じだということ、つまり、恥ずかしさから隠そうとしているはずの、見えにくい部分をご存じだということだからです。

この点では、当時の社会も、わたしたちの社会とそれほどの違いはありません。現代でも、中央と周縁部があります。教会には、周縁部からのよい知らせをのべ伝えるよう求められているとの自覚があります。ナザレの大工であり、年若い婚約者と自分自身についての神の計画を信頼しているヨセフは、この世が知っていながら無視を決め込むものに、しっかりとまなざしを向けることを教会に思い起こさせてくださいます。今日、ヨセフはわたしたちにこう教えておられます。「この世がたたえるものに気を取られていてはいけない。隅に、暗闇に、周縁に、この世が見たがらないものに、まなざしを向けなさい」。ヨセフがわたしたち一人ひとりに思い起こさせてくれるのは、他者から切り捨てられたものを、大事にしなければならないということです。この点において、ヨセフは本質を見極める達人です。本当に大切なものは目を引くものではなく、それを見いだし大事にするのに、地道な識別が求められるものであることを思い起こさせてくれます。大事なものに気づけるようでいてください。聖ヨセフに取り次ぎを祈りましょう。そうした本質を見抜く力、識別する力、大事なことをきちんと大事にする力を、教会全体が取り戻せますように。ベツレヘムから再び始めましょう。ナザレから、やり直していきましょう。

今日は、世界でもっともないがしろにされている地理的周縁部にいる人、また実存的に疎外された境遇にある人すべてに、メッセージを送りたいと思います。皆さんが、頼りとすべきあかし人と保護者を、聖ヨセフに見いだせますように。次の祈りをもって、「手製の」、ですが心からの祈りをもって、聖ヨセフにより頼みましょう。

聖ヨセフよ、
あなたはたえず神により頼み、
摂理の導きのもとで、数々の決断をなさいました。
自分の計画ばかりを重視することなく、

神の愛の計画を大切にできるよう、わたしたちを導いてください。
あなたは辺境の地から来られました。
まなざしを向ける先を変えられるように、
世が切り捨て隅に追いやったものを、
もっとも大事なものとすることができるように、
わたしたちを助けてください。
孤独な人を慰め、
人間のいのちと尊厳を守るために黙々と働く人々を支えてください。
アーメン。

（二〇二一年十一月十七日、パウロ六世ホールにて）

救いの歴史における聖ヨセフ

愛する兄弟姉妹の皆さん、おはようございます。

先週の水曜日から、聖ヨセフについての連続講話を始めました。「ヨセフ年」は間もなく終わろうとしています。今日は、救いの歴史におけるヨセフの役割に焦点を当て、このシリーズを続けたいと思います。

イエスは福音書では「ヨセフの子」（ルカ3・23、4・22、ヨハネ1・45、6・42）、また「大工の息子」（マタイ13・55、マルコ6・3）と呼ばれています。福音記者のマタイとルカはイエスの幼年期を語る際、ヨセフの役割に触れています。両者とも「系図」を示し、イエスの歴史性を強調しています。マタイは、もっぱらユダヤ人キリスト教徒に向けて、アブラハムから始め、「マリアからメシアと呼ばれるイエスがお生まれになった」、その「マリアの夫」（1・16）と定義されるヨセフに至るまでを語ります。一方ルカは、直接イエスから始めてアダムまでさかのぼりますが、「ヨセフの子」であったイエスを、「（ヨセフの子）と思われていた」（3・23）と述べています。このようにいずれの福音記者も、ヨセフを生物学的な父ではないが、イエスの正統な父親として描いています。ヨセフを経てイエスは、神と人との間で結ばれた、契約の歴史と救いの歴史を完成させるのです。マタイではこの歴史はアブラハムから始まり、ルカでは人類の起源から、アダムから始まっています。

福音記者マタイが伝えようとしているのは、ヨセフという人物が、一見すると端役で、目立たず、後列に埋もれているようでも、実は、救いの歴史の中心的な役割を担っているということです。ヨセフは、その場を支配しようとすることなく、自分の役割を生きています。「わたしたちの生活は市井《しせい》の人々――忘れられがちな人々――によって織り成され、支えられています……。そうした人々は、新聞や雑誌の見出しになったり……することは（ありません）。……どれほど多くの父親、母親、祖父、祖母、教師らが、習慣を変え、前向きになり、祈りを重ねるといった、何気ない日常の姿を通して、危機に向き合ってそれを乗り切る方法を子どもたちに示していることでしょう。どれほど多くの人が祈り、犠牲をささげ、すべての人のために執り成していることでしょう」（使徒的書簡『父の心で』）。このようにだれもが聖ヨセフに、目立たずにいる人、普段身の回りにいる人、控えめで隠れている人、執り成しの人、困難なときの支え手であり導き手の姿を見ることができます。一見すると隠れていて、「後列」にいる人のだれもが、救いの歴史において比類なき存在であることを、聖ヨセフは思い出させてくれます。世界はこのような男女を必要としています。第一線にはいないけれども、わたしたち一人ひとりの暮らしを支えている人、祈りによって、模範によって、教え導くことによって、わたしたちの人生の歩みを支えてくれる人を必要としています。

ルカによる福音書では、ヨセフはイエスとマリアの保護者として登場します。それゆえ、ヨセフは「教会の保護者」でもあるのです。ヨセフがイエスとマリアの保護者であったのなら、天におられる今も、ヨセフは教会の保護者として働き続けています。「教会は、キリストのからだの、歴史における継承であり、それと同時に、教会の母性には、マリアの母性が現れているからです」。どうかこのことを忘れないでください。今日、「ヨセフは教会を守り続けることで、御子とその母を守り続けて……（い）るのです」（『父の心で』5）。ヨセフの保護者としてのこうした一面は、創世記の物語にみごとに呼応します。神がカインにアベルの生死を問うたとき、カインは答えます。「わたしは弟の番人でしょうか」（創世記4・9）。ヨセフはその生涯をもって、わたしたちに伝えようとしているのではないでしょうか。わたしたちは兄弟姉妹の保護者であり、身近な人たちの保護者であり、人生のさまざまな機会に、主から託された人の保護者であると自覚するよう呼ばれていることを。

　現代のような社会は、確実な根拠がないように見えるため、「リキッド・モダン社会」（訳注：リキッド＝液状化、流動化）と呼ばれています。この定義を考案した哲学者に対し、こう修正しようと思います。液状化以上の、気化、まさに気化する社会だと。この液状化、あるいは気化社会においてヨセフの人生は、人間の結びつきの重要性を実に正確に示しています。まさに、福音書がイエスの系図を語るのは神学的な理由からだけでなく、わたしたちの人生は、わたしたちに先立って編まれたきずなと、わたしたちが同時代の仲間と編むきずなによって成立していることを、一人ひとりに思い出させるためでもあります。御子は、この世に来られるために、そのきずなの道、歴史の道をお選びになりました。魔法のように、この世に降臨したのではありません。御子は、わたしたち皆と同じく、歴史の道を歩まれたのです。

　愛する兄弟姉妹の皆さん。わたしは、人生で意義あるつながりを得るのに苦労し、そのためにもがき苦しみ、孤独を感じ、前に進む力と勇気をもてずにいる多くの人のことを思います。そのような人々が支えを得るよう、そして皆が、聖ヨセフに仲間を、友人を、支え手を見いだせるよう、祈りをもって結びたいと思います。

聖ヨセフ、
あなたはマリアとのきずな、そしてイエスとのきずなを守ってくださいました。
わたしたちも、人生におけるかかわりを大切にできるよう助けてください。
だれも、孤独によって見捨てられた思いに苦しむことがありませんように。
わたしたち一人ひとりが、自分の過去と和解することができますように。
先人たちと和解することができますように。
そして、犯した過ちにさえ、み摂理は働く道を見いだすことを、
悪は最後を決しないということを、わたしたちが認めることができますように。
ひどい苦労のうちにある人の友として、あなたを示してください。
困難にあるときにマリアとイエスを支えたように、
わたしたちの旅路もお支えください。アーメン。

（二〇二一年十一月二十四日、パウロ六世ホールにて）

正しい人、マリアのいいなずけ

愛する兄弟姉妹の皆さん、おはようございます。

聖ヨセフについて黙想する歩みを続けましょう。今日は、「正しく」あること、そして「マリアの婚約者」であることについて掘り下げたいと思います。ですから、婚約中のカップルと新婚の夫婦に、メッセージを送ります。ヨセフにまつわる多くの出来事はアポクリファ、つまり外典の福音書をにぎわし、芸術やさまざまな礼拝所にも影響を与えています。聖書に含まれていないこれらの書は、当時のキリスト者の信心から生まれた物語で、聖書に収められた正典福音書の、語りの空白部分を埋めたいという願望にこたえたものですが、聖書はキリスト者の信仰と生活に不可欠なすべてを与えてくれるものです。

福音記者マタイ――、それが大切なのです。ヨセフについて、福音書が何を語っているかです。外典福音書が語っていることではありません。外典はゆがんでいるとか悪いとかいうのではありませんが、美しいものではあっても、外典は神のことばとは違います。ですが、聖書に収められている福音書は神のことばです。その中で福音記者マタイは、ヨセフを「正しい人」としています。そのことばに耳を傾けてみましょう。「イエス・キリストの誕生の次第は次のようであった。母マリアはヨセフと婚約していたが、二人が一緒になる前に、聖霊によって身ごもっていることが明らかになった。夫ヨセフは正しい人であったので、マリアのことを表ざたにするのを望まず、ひそかに縁を切ろうと決心した」（マタイ1・18―19）。婚約相手が不貞を働いたり、妊娠したりすれば、男性は告発しなければならなかったのです。そうなれば、当時は女性が石打ちの刑に処されました。しかしヨセフは正しい人でした。彼はいいます。「それはできない。黙っていよう」と。

ヨセフのマリアに対する振る舞いを理解するには、古代イスラエルの結婚に関する慣習を知ることが役に立ちます。結婚には、はっきり二つの段階がありました。最初の段階は正式な婚約のようなもので、この時点で新たな立場になりました。とくに女性側は、父親の家にもう一年住み続けながらも、婚約相手の事実上の「妻」とみなされました。二人はまだ同居はせずとも、女性は妻であるとされました。第二の段階は、父親の家から花婿の家への花嫁の移動です。これは結婚を完全なものとする、祝いの行列とともに行われました。花嫁の友人たちが行列の彼女に同行しました。このような慣習に従えば、「二人が一緒になる前に、……身ごもっていることが明らかになった」という事実は、姦通の罪で告発される危険におとめマリアをさらすことでした。そしてこの罪は、古い律法によれば石打ちの刑に処せられるものでした（申命記22・20―21参照）。しかしその後のユダヤの慣習では、より穏やかな解釈が定着し、石打ちの刑は免ぜられて、女性には民事上および刑事上の処分を伴う離縁だけが申し渡されるようになっていました。

福音書は、敬虔なイスラエル人として律法に従ったから、ヨセフは「正しい人」であったと記しています。しかしヨセフの中にあったマリアへの愛と信頼が、律法を守りながらも花嫁の名誉を守る道をそっと知らせてくれました。ヨセフは騒がず、世間に広めて辱めることなく、ひそかに彼女を離縁することに決めました。裁判も償いも求めず、内々で済ませる道を選んだのです。ヨセフの何と聖なることでしょう。わたしたちは、だれかのちょっとしたゴシップやスキャンダルがあると、すぐにそれを触れ回ります。ところがヨセフは黙っています。

しかし福音記者マタイは、すぐに次のように付け加えます。「このように考えていると、主の天使が夢に現れていった。「ダビデの子ヨセフ、恐れず妻マリアを迎え入れなさい。マリアの胎の子は聖霊によって宿ったのである。マリアは男の子を産む。その子をイエスと名づけなさい。この子は自分の民を罪から救うからである」（マタイ1・20―21）。ヨセフの識別に神の声が介入します。夢の中で、己の正しさよりもさらに大きな意味を明かしてくださいます。わたしたち一人ひとりにとって、正しい生活に励むと同時に、神の助けが必要であるとの自覚をつねにもつことは、どれほど大切なことでしょう。地平を広げ、人生の状況を異なる、幅広い視点で考えるためです。多くの場合わたしたちは、自分の身に起こったことに縛られるように感じます。「だって見てくださいよ、わたしの身に降りかかったことを」といって、自分に起きたひどい出来事に縛られたままでいます。ですが最初は悲惨に見える人生の局面を前にしたときこそ、そこに隠されたみ摂理によって、時とともに、それが意味あるものとなり、襲われた痛みすら意味あるものとして照らされるのです。その痛みを抱えて、自分にはいいことなんて起きないと思い込み、閉じこもってしまう誘惑がありますが、それはよくないことです。それが、悲しみや苦しさをもたらすのです。恨みの心は、とても醜いものです。

福音書が語る、この物語の中で見落とされがちな細部に目を向け、よく考えてみたいと思います。マリアとヨセフは婚約中で、きっと、自分たちの生活や将来について夢や期待を膨らませていたはずのカップルです。青天の霹靂《へきれき》のごとく、神は二人の人生に介入なさったようです。そして二人は、初めは葛藤しながらも、目の前に示された現実へと心を開いたのです。

愛する兄弟姉妹の皆さん。人生は、想像どおりではないことがほとんどです。とくに恋愛関係では、恋に落ちる展開から成熟した愛の論理へ移るには苦労します。恋愛から成熟した愛へと移らなければなりません。新婚の皆さん、このことをよく考えてみてください。最初の段階はほぼ魔法にかかったような状態で、実態とは違うこともままある、空想に浸った状態です。ですが期待に膨らんだ恋がついえそうに思えたときにこそ、真実の愛が始まるのです。まさに愛するということは、自分の思いどおりの相手や人生を望むことではなく、むしろ、まったくの自由意志をもって、与えられた人生に責任をもつ決意をすることです。その点で、ヨセフはわたしたちに大切な教えを示してくれています。ヨセフは「目を凝らして」マリアを選んだのです。あらゆる危険を承知して選んだといってもいいでしょう。ヨハネによる福音書にある、イエスに向けた律法学者たちの非難を思い出してください。「わたしたちは姦通によって生まれたのではありません」。彼らはマリアの身ごもった状況を知っていて、イエスの母を汚すつもりでした。わたしにはこの箇所が、福音書の中でいちばん嫌な、悪魔を感じる部分です。ヨセフは危険を冒しましたが、そこからわたしたちは学びを得ます。今ある人生を引き受けることです。神はそこに介入されたのです。ならばそれを引き受けなければ――。それでヨセフは、主の使いが命じたとおりにしました。福音書はまさにこう語ります。「ヨセフは眠りから目覚めると、主の天使が命じたとおり、妻を迎え入れ、男の子が生まれるまでマリアと関係することはなかった。そして、その子をイエスと名づけた」（マタイ1・24―25）。婚約中のクリスチャンは、恋愛から成熟した愛の論理へと移る勇気のある、そうした愛をあかしするよう求められています。そしてこれは、人生を縛るのではなく、試練の時を前にしても永らえられるよう愛を強めるはずの、多くが求められる選びです。二人の愛は、生涯続き、日々熟すものです。婚約期の愛は、こういっては何ですが、どこかロマンチックです。だれもがそれを経験したでしょう。けれどもその後、日に日を重ね、労働を続け、子どもができ、そのすべてによって成熟した愛が始まります。そして時に、そのロマンチックさは少し消えてしまいますね。でも、そこにもう愛はないのでしょうか。いいえ。別の成熟した愛が生まれます。「でも神父さん。わたしたちは時々けんかだってしますし……」。それはアダムとエバの時代から今日まで、ずっとそうです。夫婦げんかは日々の糧です。「でもけんかはいけませんよね」。いいんですよ、起きてしまうものなんです。

「それに神父さん、わたしたち、声を荒げることも……」。はい、そういうこともあります。「お皿が飛ぶことも……」。はい、ありますね。では、けんかで結婚生活を損なわないためにはどうしたらよいのでしょう。よく聞いてください。仲直りをしないいま、その日を終えないことです。「けんかしてしまって、わたしはあなたにひどいことをいってしまった。何ということをいったのか、悪かった。でも、今日が終わろうとしている。仲直りをしなければいけない」と。なぜだか分かりますか。翌日の冷戦状態は非常に危険だからです。翌日を戦いの中で迎えてはいけません。ですから、就寝前に和解するのです。覚えておいてください。仲たがいしたままその日を終えてはなりません。これが、結婚生活の助けとなります。ともかく、恋の段階から成熟した愛へと向かうこの道は、試練ではありますが、その道を歩まなければなりません。

今回も、聖ヨセフへの祈りで締めくくりましょう。

聖ヨセフよ、
あなたは自由な心でマリアを愛し
幻想を捨て現実を生きる道を選びました。
わたしたち一人ひとりを支えてください。

神から驚かされる者となり、
人生を、切り抜けるべき不測の事態としてではなく、
真の喜びを秘めた神秘として受け入れることができますように。
婚約中のすべてのキリスト者に
喜びと徹底する姿勢をお与えください。
また、あわれみとゆるしの心だけが、愛をかなえるものとなる、
それを忘れずにいられますように。アーメン。

（二〇二一年十二月一日、パウロ六世ホールにて）

沈黙の人

愛する兄弟姉妹の皆さん、おはようございます。

聖ヨセフについて考察する歩みを続けましょう。これまで、ヨセフの暮らした環境、救いの歴史におけるその役割、正しい人でありマリアの夫であることを見てきましたが、今日はこの人物のまた別の大切な姿勢についてよく見ていきたいと思います。沈黙ということについてです。今日、わたしたちにはしばしば沈黙が求められます。沈黙は大切です。クリスマスを念頭に置いて朗読される、知恵の書の次の一節が心を打ちます。「沈黙の静けさがすべてを包み、あなたの全能のことばは……地に下った」。沈黙の極みに、神はご自身を現されました。沈黙に価値がないように見えるこの時代、沈黙について考えるのはとても大事なことです。

福音書は、ナザレのヨセフのことばを一つも伝えていません。一つもです。ヨセフは一言も発していません。ヨセフが無口な人だったというわけではありません。そうではなく、そこにはもっと深い理由があります。ヨセフはその沈黙によって、聖アウグスティヌスがつづったことを裏づけています。「みことば（Verbo）――人となられた言《ことば》――がわたしたちの内に育つほどに、ことばの数々（parole）は消えてゆく」（説教288「洗礼者ヨハネの誕生について」5参照）。イエス――すなわち霊的ないのち――が育つほどに、ことば数は減るのです。オウムのようにしゃべり続ける「おしゃべりオウム」が、少しおとなしくなります。「「主の道を整えよ」と荒れ野で叫ぶ声」（マタイ3・3参照）である洗礼者ヨハネ自身が、みことばであるかたについてこういいます。「あのかたは栄え、わたしは衰えねばならない」（ヨハネ3・30）。つまり、あのかたが語るべきであって、わたしは黙るのです。ヨセフは自身の沈黙をもって、受肉したみことば、イエスのみ前に、場を譲るようにと招いています。

ヨセフの沈黙はだんまりとは違います。ひたすらに耳を傾けるための沈黙であり、能動的沈黙で、その優れた内面性がにじみ出る沈黙です。「御父は一つのことばをいわれた。これが御子であった。御父は永遠の沈黙のうちにつねにこのことばをのたもう。そして、それは沈黙のうちに、霊魂に聞かれるべきである」と十字架の聖ヨハネは説いています（『小品集』愛について21〔東京女子跣足カルメル会訳、ドン・ボスコ社、一九六〇年、五八頁〕）。

イエスはこのような「学びや」で、つまりナザレの家でのマリアとヨセフの日常を模範に育ちました。ですからイエスご自身が、日常に沈黙の時間を求めるようになるのも（マタイ14・23参照）、弟子たちに「さあ、あなたがただけで人里離れた所へ行って、しばらく休むがよい」（マルコ6・31）などと招くのも不思議ではありません。

わたしたち一人ひとりが聖ヨセフに倣い、沈黙によってこそ開かれる、暮らしの中のこうした観想的な次元を取り戻すことができたなら、どんなにすばらしいことでしょう。ただそれは簡単ではないと、だれもが経験を通して知っています。わたしたちにとって、沈黙は少し怖いものです。沈黙は自分の内側へと向かわせ、自分の嘘偽りない部分と向き合うことを求めるからです。それで多くの人は沈黙を恐れ、しゃべって、しゃべって、しゃべりまくり、ラジオやテレビを流し続けるのでしょう。恐ろしいから、沈黙が受け入れられないのです。哲学者のパスカルは指摘しています。「人間の不幸はすべてただ一つのこと、すなわち、部屋の中に静かにとどまっていられないことに由来するのだ」（『パンセ』139〔前田陽一、由木康訳、中公文庫、二〇一八年、一〇三頁〕）。

愛する兄弟姉妹の皆さん、聖ヨセフから沈黙の時間を培うことを学びましょう。沈黙の中に、別のことばが、すなわちみことばであるイエスが立ち現れます。わたしたちの内に住まわれ、イエスがもたらしてくださったかた、聖霊というみことばです。この声には簡単には気づけません。その声は、わたしたちの内にある心配事、誘惑、願望、期待といった無数の声と混同されることも少なくありません。まさに沈黙の練習から成るこの訓練がなければ、わたしたちの口から出るものも病んでしまいかねません。沈黙を訓練しないと、わたしたちのことばは病むのです。真理を輝かせるものであるより、危険な兵器となりかねません。わたしたちのことばは確かに、お世辞、自慢、嘘、陰口、中傷となりえます。シラ書が思い起こさせる「多くの人が剣《つるぎ》のやいばに倒れたが、その数は、舌のやいばに倒れた人には及ばない」（28・18）ということは、だれもが経験から知っています。イエスもはっきりといっています。兄弟姉妹を悪くいう人、隣人を中傷する人は、人殺しである（マタイ5・21―22参照）。舌で人を殺すのです。信じていないでしょうが、それは真実です。自分のことばで、だれかのいのちを奪うことになったときのことを少し考えてみましょう。恥ずかしく思うでしょう。でもそうして考えることは、わたしたちにとってよいこと、大事なことです。

聖書の知恵は、「死も生も舌の力に支配される。舌を愛する者はその実りを食らう」（箴言18・21）と断言しています。また使徒ヤコブはその書簡の中で、ことばのもつ好ましい力と望ましくない力を巡るこうした古くからのテーマを、鋭いたとえをあげて展開し、次のように述べます。「ことばで過ちを犯さないなら、それは自分の全身を制御できる完全な人です。……舌は小さな器官ですが、大言壮語するのです。……わたしたちは舌で、父である主を賛美し、また、舌で、神にかたどって造られた人間を呪います。同じ口から賛美と呪いが出て来るのです」（3・2—10）。

だからこそ、沈黙を培うことをヨセフから学ばなければなりません。日々の生活の中での内なる場、わたしたちを新たにし、慰め、正すための機会として聖霊に差し出すひとときが沈黙です。無言を貫けというのではありません。そうではなく、沈黙を培うようにといっているのです。一人ひとり、自身の内面深くを見つめることです。わたしたちは大抵やる事があって、それが終わればすぐに別のことをすべく携帯電話に目をやってと、いつもこんな状態です。これでは何の助けにもならず、表面的なことに終始するだけです。心の奥深さは沈黙によって培われます。これまで述べたように、だんまりとは違う沈黙、知恵、内省、聖霊のために場を譲る沈黙です。時にわたしたちは沈黙の時間を恐れますが、恐れるべきではありません。沈黙は多くのよきものをもたらします。そして得られる心の恩恵は、わたしたちの舌やことば、そして何よりも選びを、健やかなものとしてくれるでしょう。まさしくヨセフは、沈黙と行動をつなぎ合わせていました。口を動かさずに行動し、そうすることで、いずれイエスが弟子たちに語ることになったものを示してくれました。「わたしに向かって、『主よ、主よ』という者が皆、天の国に入るわけではない。わたしの天の父のみ心を行う者だけが入るのである」（マタイ7・21）。口を開くときには実りをもたらすことばを発しましょう。「パローレ、パローレ、パローレ（ことば、ことば、ことば）……」だけで中身はないのにというあの歌（訳注：イタリアの歌「あまい囁き」）を思い出しましょう。沈黙すること、正しく語ること、時には舌を慎むこと。愚かなことを口にする代わりにそうしたらいいのです。

最後は祈りで結びましょう。

沈黙の人、聖ヨセフ、
福音書では口を開かれていないかた、
むなしいことばを断つことを教えてください。
心を養い、励まし、慰め、支えとなることばの価値に、
もう一度気づかせてください。
誹謗中傷など傷つけることばに苦しむ人々のそばにいてください。
わたしたちがいつも、

ことばと行いを一致させることができるよう助けてください。アーメン。
（二〇二一年十二月十五日、パウロ六世ホールにて）

迫害下の勇気ある移住者

愛する兄弟姉妹の皆さん、おはようございます。

今日は、迫害下の勇気ある移住者としての聖ヨセフを紹介したいと思います。福音記者マタイは、聖ヨセフをそのように描いています。イエスの生涯におけるこの特別な出来事では、ヨセフとマリアがメインに置かれ、伝統的に「エジプトへの避難」（マタイ2・13―23参照）として知られています。ナザレの聖家族は、あれほどの屈辱を受け、故郷を離れなければならないことによる先行きの不安、恐怖、苦しみを、その身をもって体験しています。今日にも、わたしたちの兄弟姉妹の多くが、同じ不正義と苦しみを味わうことを余儀なくされています。その原因は大抵、権力者の横柄な振る舞いと暴力です。イエスの場合もそうでした。

ヘロデ王は占星術の学者たちから「ユダヤ人の王」が生まれたと聞き、その知らせにおののきます。ヘロデ王は、自分の権力が脅かされると考え不安を感じたのです。

そこでヘロデは、幼子の誕生の場所を尋ねるべくエルサレムの権威者たちを集めて、学者たちに、行って拝みたいからと嘘をつき、詳細を自分にも知らせてほしいと頼みます。しかし、占星術の学者たちが自分のもとに立ち寄らず別のルートで去ったことを知ると、ヘロデ王はおぞましい計画を思いつくのです。学者たちの予測したイエスの誕生時期から、ベツレヘム中の二歳以下の幼子を一人残らず殺すという計画です。

その一方、天使はヨセフに命じます。「起きて、子どもとその母親を連れて、エジプトに逃げ、わたしが告げるまで、そこにとどまっていなさい。ヘロデが、この子を探し出して殺そうとしている」（マタイ2・13）。今日、「逃げよう、逃げなければ、ここは危険だから」との思いに駆られている、多くの人のことを思ってください。ヘロデの計画は、イスラエルの民の男児を一人残らずナイル川に投げ込むというファラオの計画（出エジプト1・22参照）を想起させます。そしてエジプトへの逃避は、イスラエルの歴史全体をも想起させます。エジプトに寄留したアブラハム（創世記12・10参照）に始まり、兄弟たちに売られ（創世記37・36参照）、その後「エジプトの支配者」となったヤコブの子ヨセフ（創世記41・37―57参照）、そしてエジプト人の奴隷状態から民を解放したモーセ（出エジプト1・18参照）に至る歴史です。

聖家族のエジプトへの避難によってイエスは救われますが、不幸にもヘロデによる虐殺は止められませんでした。ここでわたしたちは、二人の対照的な人物に向き合っています。一方は残虐なヘロデであり、他方は配慮と勇気のあるヨセフです。ヘロデは、妻の一人、わが子数名、そして歯向かう者を何百人も処刑したことからも分かるように、冷酷な残忍さで自身の権力、体裁を保とうとします。彼は残酷な男でした。問題を解決するための彼の方策はただ一つ、「亡き者とする」です。ヘロデは、昔も今もいる多くの暴君の象徴です。そして彼ら暴君にとって大事なのは、権力であって人民ではありません。権力の場を欲し、人々を排除します。それは今日も起きていることです。古代の歴史を見るまでもなく、今日この日にも起きているのです。だれかにとって「狼《おおかみ》」となるのは人間なのです。歴史には、恐怖心にとらわれ、それを振り払おうと独裁的に権力を行使し、残忍な暴力も辞さない人物が数多く登場します。しかし、暴君になった人だけがヘロデのような考えに陥るのだと考えてはいけません。事実それは、わたしたちのだれもが陥る可能性のある態度です。恐怖心を高圧的に振る舞うことで振り払おうとするたびに――ことばによるものであろうが、周りの人を傷つける小さな嫌がらせの積み重ねであろうが――、わたしたちもそうなりかねないのです。

ヨセフはヘロデとは対極にあります。ヘロデが独裁者であるのに対し、彼は「正しい人」（マタイ1・19）です。そのうえ、天使の命じたことを果たそうとする勇気ある人です。長く危険な旅路で見舞われたはずの苦境や、ことばの違う異国での滞在に伴う困難など、苦労が多かったことは想像できます。ヨセフの勇気は帰路の際にも発揮されます。天使からもう大丈夫だといわれ、それでも当然あるはずの不安を乗り越えて、マリアとイエスとともにナザレに居を構えたときのことです（マタイ2・19―23参照）。ヘロデとヨセフの二人は正反対の人物で、いつもあり続ける人間の二つの面を映し出しています。勇気が英雄だけの徳だと思うのは、よくある誤解です。実際は、一人ひとりの、あなたの、わたしの、皆の日々の生活に勇気は必要です。勇気をもたずして生きることはできません。日々の困難に向き合う勇気です。いつの時代にも、どの文化にも、勇気ある人たちがいます。自分の信念を貫くため、あらゆる困難を乗り越え、不正義や非難を耐え、死すらも受け入れた人たちです。勇気は剛毅と同じ意味をもち、正義、賢明、節制とともに、いわゆる「枢要徳」として知られる、人間の諸徳の一つです。

ヨセフが今日教えるのは、人生に逆境は付きものであり、それは動かしようのない事実で、それを前におびえたり恐れをなしたりすることがあっても、ヘロデのようにわたしたちの中にある悪い部分を出すのではなく、神の摂理に信頼し、勇気をもって不安を押しのけるヨセフのように行動することで、避けられない時をも乗り越えることができるということです。今日は、全移住者のため、迫害されているすべての人のため、政治や歴史あるいは個別の事情で、敵意を向けられているすべての犠牲者のために祈らなければならないと思っています。また戦争の犠牲となり、祖国から逃難したくともかなわない多くの人にも心を寄せましょう。自由を求めて旅立つものの、路上や海上でいのちを落とすことも少なくない移動者たちを心に留めましょう。ヨセフとマリアの腕に抱かれて避難するイエスを思い、イエスのうちに、現代の移民一人ひとりの姿を重ね合わせましょう。今日の移民たちの現実は、わたしたちが目を背けることのできない現実です。人間社会のスキャンダルです。

聖ヨセフ、
あなたは避難を余儀なくされた者の苦しみを知っておられるかた、
愛する人たちのいのちを救うため、逃れざるをえなかったかたです。
戦争、憎悪、飢えのため
難民移民となるすべての人をお守りください。
苦境にある彼らを支え、

彼らの希望を強めてください。
彼らが受け入れと連帯を見いだすことができますように。
彼らの歩みを導き、彼らを助けうる人々の心を開いてください。アーメン。
（二〇二一年十二月二十九日、パウロ六世ホールにて）

イエスの養父

愛する兄弟姉妹の皆さん、おはようございます。

今日は、イエスの父としての聖ヨセフについてじっくり考えてみましょう。福音記者のマタイとルカは、聖ヨセフをイエスの実父としてではなく養父として描いています。マタイはイエスの先祖の系図で用いる「(子を)もうける」という表現を、聖ヨセフには用いません。彼を「マリアの夫ヨセフ」と定義し、「このマリアからメシアと呼ばれるイエスがお生まれになった」(1・16)と明示しています。一方ルカは、「イエスはヨセフの子と思われていた」(3・23)、つまり父のように見えていたと記しています。

ヨセフが父だと思われているとか、法律上の父だとかいうことを理解するには、古代の東方では、養子縁組は珍しいものではなく、現代よりも一般的であったことを踏まえておく必要があります。申命記に記されているように、イスラエルでは「レヴィレート婚」（訳注：子どもがないまま夫が死去した場合、妻が夫の兄弟と再婚する慣習）は一般的でした。「兄弟がともに暮らしていて、そのうちの一人が子どもを残さずに死んだならば、死んだ者の妻は家族以外の他の者に嫁いではならない。亡夫の兄弟が彼女のところに入り、めとって妻として、兄弟の義務を果たし、彼女の産んだ長子に死んだ兄弟の名を継がせ、その名がイスラエルの中から絶えないようにしなければならない」（25・5―6）。つまり、その子の実父は義弟（義兄）なのですが、法律上の父は亡夫のままで、故人からの相続権がまるごとその幼子に与えられるのです。この法には二つの目的がありました。故人の子孫を確実に残すことと、遺産を守ることです。

イエスの正式な父親として、ヨセフはわが子に名前をつける権利を行使し、法的に息子と認証します。ヨセフは法的に父親ですが、生物学的には父親ではありません。ヨセフはイエスを「もうけた」のではありません。

古代において、名前はその人のアイデンティティを示すものでした。名前を変えることは、その人自身が変わることを意味していました。アブラハムの場合のようにです。神が「あなたを多くの国民の父とするから」（創世記17・5）、「多くの子をもつ父」を意味する「アブラハム」と名を改めたのです。ヤコブも同じです。「イスラエル」と呼ばれることになりますが、これは「神と闘う者」という意味で、神から祝福を得ようとヤコブが神と闘ったことに由来します（創世記32・29、35・10参照）。

ですが第一に、人や物に名を授けることは、名づけたものに対する己の権限を主張することを意味していました。それはアダムが、すべての動物に名前を授けたことにあるとおりです（創世記2・19—20参照）。

ヨセフは、マリアの子のために神が用意しておられた名があるのを知っています。イエスの名は、まことの父である神が授けたのです。「イエス」という名前は「主は救ってくださる」という意味で、天使が「この子は自分の民を罪から救うからである」（マタイ1・21）とヨセフに説明したとおりです。ヨセフという人物がもつこうした特別な面から、現代のわたしたちは父であることや母であることについて考えさせられます。今日、父であることについて考えるのは、とても大切なことだと思います。ご存じのとおりわたしたちは、親不在の時代にあるからです。どういうわけか、わたしたちの文明はどこかみなしごのようで、親の不在が感じられます。聖ヨセフの助けによって、現代のわたしたちが苦しむみなしごの感覚を、どうしたらいやせるかを理解できますように。

この世に子どもを誕生させただけでは、父に、あるいは母になったとはいえません。「人は初めから父なのではなく、父になるのです。そして、子どもが生まれたから父になるのではなく、責任をもってその子を世話することで父となるのです。その意味で、だれかの人生に対する責任を引き受けることはつねに、その人に対し父として振る舞うこととなるのです」（使徒的書簡『父の心で』7）。とくに、養子縁組という道でいのちを迎え入れようとしている――なんと寛大で美しい姿でしょう――すべての人のことが思い浮かびます。ヨセフは、こうしたきずなは補助的なものではない、当座しのぎではないことを示しています。このような選択は、最高の愛のかたちであり、父であること、母であることの高潔な姿です。世話する人を待つ幼子が、世にどれほど多いことでしょう。そして父親に、母親になりたいと望みながら、生物学的な理由でかなわずにいる夫婦が大勢います。またすでに子がいても、家庭的な愛を受けられずにいる子どもに、そうした愛情を分かち合いたいと願っている夫婦がたくさんいます。養子縁組の道を選ぶのに、迎え入れる「リスク」を取るのに、恐れることはありません。今日は、孤児ということについても、利己主義というものが存在しています。先日わたしは、今日の人口統計学的な冬の時代についてお話ししました。子を望まない時代、子どもは一人だけでいい、それ以上はいらないと考える時代です。子どもが欲しくないからと、多くの夫婦は子をもうけなかったり、あるいは二人以上はいらないからと、一人しかもうけなかったりします。それなのに、犬を二匹、猫を二匹と飼って……。そうなのです。犬や猫が子の代わりとなっているのです。おかしな話ですが、これが現実なのです。こうした父となること、母となることの否定は、わたしたちをしぼませ、人間性を奪います。こうして文明は、父と母の豊かさを失うことで、老け込み、人らしさを欠いていきます。そして、子のいない国は苦しむのです。ある人が冗談交じりにいいました。「さて、子どもがいなくなれば、だれがわたしの年金のために税金を払ってくれるのか。だれがわたしの面倒を見てくれるのか」。彼は笑っていたものの、そのとおりなのです。わたしは聖ヨセフに願います。良心を目覚めさせて、子をもつことについて考える恵みが与えられますように。父であること、また母であることは、その人の人生を満ちたものとします。このことを考えてみてください。確かに、神へと自己を奉献している者には霊的父性があり、霊的母性があります。ですが、世に生き、結婚している人は、子をもつことについて、いのちを生むことについて考えなければいけません。そうしなければ、未来について考える人の目を閉ざすことになるからです。子を授からないのなら、養子縁組を考えてみてください。確かにリスクがあるかもしれませんが、子をもつということには、自分たちでもうけたのであれ、養子縁組であれ、リスクが付きものです。それでも子をもたないことのほうが、リスクは高いのです。さらにいえばもっと危険なのは、実際のものであれ、霊的なものであれ、父性を拒むこと、母性を拒むことなのです。父としての意識、母としての意識を進んで培おうとしない人には、何か肝心なもの、大事なものが欠けています。このことについて、どうか考えてみてください。

家族を必要とする多くの幼子、愛に献身したいと願う多くの夫婦、彼らの夢が実現できるよう、必要な手続きを簡素化しつつもしっかりとした見守りをもって、養子縁組という意味での支援の整備が、社会の仕組みに欠けることのないよう強く願います。この前、ある人のあかしを聞きました。その人は医師で、重要な立場にあるかたで、子がなく、妻とともに、養子を迎える決断をしたそうです。いざそのときになると、一人の子を見せられ、こういわれたそうです。「この子の健康状態は、今後どうなるか分かりません。もしかすると病気かもしれません」。すると彼は――すでにその子を見ていました――いいました。「この子が連れて来られる前にそう教えられていたら、断っていたかもしれません。でも、わたしはこの子と会ってしまいました。この子を引き取ります」。これが、養子縁組をしてでも、父になりたい、母になりたいという願いなのです。これを恐れないでください。

父の愛のきずなから断たれていると感じる人がいなくなりますよう、祈ります。親のいないつらさを味わう人が、そうした惨めな気持ちを抱くことなく、前進できますように。聖ヨセフが親のいない子どもたちを守り、助けてくださいますように。また、子を望む夫婦のために執り成してくださいますように。ともに祈りましょう。

聖ヨセフ、
あなたは父の愛をもって、イエスを愛されました。
家族がなく、お父さんとお母さんを待ち望む、
大勢の子どもたちに寄り添ってください。
子をもてない夫婦を支えてください。
その苦しみを通して、より大きな計画に気づけるよう助けてください。
だれ一人として、家庭、きずな、世話をしてくれる人に、
欠くことがありませんように。
いのちに対して後ろ向きでいる人の利己心をいやし、
愛へと心を開くことができるようにしてください。

（二〇二二年一月五日、パウロ六世ホールにて）

大工

愛する兄弟姉妹の皆さん、おはようございます。

福音記者のマタイとマルコは、ヨセフを「木工」あるいは「大工」としています。先ほどの朗読箇所（マタイ13・54—55、57）には、ナザレの人々がイエスの話を聞いて「この人は大工の息子ではないか」（マタイ13・55。マルコ6・3参照）といぶかしんでいたことが語られました。イエスは、父の仕事に従事していました。ヨセフの職業を指すギリシア語「テクトン」は、さまざまに訳されています。ラテン教父たちは、「木工」と訳しています。しかし、イエスの時代のパレスチナ地方では、木材は鋤《すき》や家具類だけでなく、家を建てるためにも使われていたことを忘れてはなりません。木製のよろい戸、梁《はり》を枝と土で継いだ平屋根のある家の建材としても使われていました。

ですから「木工」や「大工」は、木材や建築に関係する職人を指す総称でした。むしろ、木材や石、鉄といった重量のある素材を扱う、重労働のきつい職業といえます。経済的には、大きな収入は得られていませんでした。そのことは、マリアとヨセフが神殿でイエスを奉献する際、山鳩一つがいか、家鳩の雛《ひな》二羽をささげたこと（ルカ2・24参照）からも推測できます。この献げ物は貧しい人のために定められていたものです（レビ12・8参照）。

そのようなわけで青年イエスは、父親のもとでその仕事を学んだのです。ですからイエスが壮年になり説教をするようになると、同郷の人々は「この人は、このような知恵と奇跡を行う力をどこから得たのだろう」（マタイ13・54）と驚き、イエスにつまずいたのです（同57節参照）。大工の息子でありながら律法の専門家のような話し振りで、人々はあきれてしまったのです。

ヨセフとイエスに関するこうした伝記的事実から思うのは、世界のあらゆる労働者のことです。なかでも、鉱山や工場のたぐいで過酷な労働に就いている人々、裏社会の仕事で搾取されている人々、労働災害の犠牲者――このところイタリアではずいぶん耳にします――、働かざるをえない子どもたちや、何かお金になるものはないかとごみ捨て場をあさる子どもたち……。もう一度いわせてください。見えない場所で働く人たち、鉱山や工場のようなところで過酷な労働を強いられている人々――、彼らのことを思い起こしましょう。裏社会で搾取されている人々、年金もない、何の保証もない、後ろ暗い報酬を受け取る苦しみにある人たちのことを。仕事をしなければ、無事ではいられないのです。今は、闇の仕事に就く人が膨らんでいます。思い起こしてください。仕事中の犠牲者、労働災害の犠牲者のことを、働かざるをえない子どもたちのことを。悲惨です。遊び盛りの子どもたちには遊ぶことが必要であるのに、大人のように働かされるのです。めぼしいものを探してごみ捨て場をあさる子どもたち、かわいそうな子どもたちのことを考えてみてください。こうした尊厳を奪う仕事で生きている、わたしたちの兄弟姉妹のことを。このことを心にかけてください。それは今日のこと、世界で、今起きていることです。

わたしはまた、失業中の人々のことも思います。工場や会社のドアをたたく多くの人のことを。「あの、何か仕事はありますか……」、「ないない、ないよ」――。仕事にありつけない！　また、そうした仕事が見つからず、自尊心を傷つけられる人々のことも思います。家に帰り、「仕事は見つかった？」「いや、何も……」。カリタスに寄ってパンをもらってきた」。尊厳を守るのは、家にパンを持ち帰ることではありません。パンはカリタスでもらえるかもしれませんが、それが尊厳を守るわけではありません。自分でパン代を稼ぐことで、尊厳が守られるのです。国民に、人々に、生計を立てる力を与えなければ、その土地、その国、その大陸に、社会的正義はありません。指導者は、すべての人に、暮らしを立てる機会を用意しなければなりません。そのように稼ぎを得ることが、尊厳を守ることだからです。仕事は、尊厳という塗油であり、大切なものなのです。大勢の若者が、子を育てる多くの親たちが、穏やかに暮らすための仕事に就けないという悲惨な状況にあり、その日暮らしとなっています。職探しがあまりに絶望的で、希望が断たれ、生きる意欲をも失ってしまうことがいかに多いか。先のパンデミックの間に、多くの人が職を失いました。周知のことです。中には、あまりの負担に押しつぶされて、自らいのちを絶つに至った人もいます。今日は、その人たち一人ひとりとその家族を思い起こしたいと思います。仕事が見つからず絶望の中にある人々を思い起こし、沈黙のうちに祈りましょう。

仕事は人間の生活にとって本質的な要素であり、聖性への道においてもそうであることが、あまり理解されていません。働くことは、まっとうに生計を立てることに寄与するだけではありません。自己表現の場であり、人の役に立っていることを実感する場であり、霊的生活が単なる精神主義に陥らないようにしてくれる、具体性という優れた学びを得る場でもあります。しかし残念なことに、労働はしばしば社会的不公正の人質とされて、人を人間らしく形づくる手段とはならずに実存的周縁に置くことになります。たびたび考えさせられます。どんな精神で、日々の仕事に取り組んでいるだろうか。仕事の疲労にどう向き合っているだろうか。自分の働きを、自分の運命だけにつながるものと考えているのか、それとも他者の運命にもかかわるものだと考えているだろうか。実に仕事は、その人らしさを表現する手段であり、その性質上、相関的です。仕事はまた、それぞれの創造性を発揮する機会でもあります。一人ひとりが、それぞれの方法で、それぞれのやり方で仕事をします。同じ仕事であっても、やり方は異なるのです。

イエスご自身が労働しておられたこと、そして聖ヨセフからその技術を学んだということを思い巡らすのはよいことです。今日、労働の価値を回復させるために何ができるのか、わたしたちは考えなければなりません。また、収益のみの論理から労働を解放し、人間の尊厳の表出であり、それを高めるものである労働を、基本的権利であるとともに義務として実感できるよう、教会に何ができるのかを考えなければなりません。

愛する兄弟姉妹の皆さん。これらすべてのことを心に留めつつ、聖パウロ六世が一九六九年五月一日に聖ヨセフにささげた祈りを、ともにささげましょう。

聖ヨセフ、
教会の保護者よ。
人となったみことばのそばにおられ、
そのかたを生きがいとし、そのかたのために額に汗し、
糧を得るため、日々働いたかた。
明日を案じ、
貧しさのつらさ、仕事の不安定さを知っておられたかた。
人の目には卑しい者に映るとも、
神の前では偉大なあなたは、
今日、わたしたちの模範として輝いています。
過酷な生活を送る労働者をお守りください。
失望、絶望からの反乱、享楽の誘惑に陥らないよう守ってください。
そして、世界の平和を守ってください。
平和だけが人々の発展を保証できるのです。アーメン。

（二〇二二年一月十二日、パウロ六世ホールにて）

優しい父

愛する兄弟姉妹の皆さん、おはようございます。

今日は、優しい父としての聖ヨセフについて掘り下げてみようと思います。わたしは使徒的書簡『父の心で』の中で、聖ヨセフの人柄の一端として、この優しさという面を考察することができました。福音書にはヨセフがどのように父としての振る舞いをしたかの詳細は記されていませんが、彼が「正しい」人であったことが、イエスへの教育にも反映されていたのは確かです。「ヨセフは、イエスが日々「知恵が増し、背丈も伸び、神と人とに愛された」（ルカ2・52）様子を見守っていました。主がイスラエルになさったように、ヨセフはイエスに接します。「腕を支えて、歩くことを教えた。子を持ち上げて頰を寄せる父のようで、身をかがめて食べさせた」（ホセア11・3―4参照）」（『父の心で』2）。神とイスラエルの民との関係を描いた、この聖書の記述は美しいものです。そして聖ヨセフとイエスの関係も同じだったと考えられます。

福音書がはっきりと示すのは、イエスが神について、またその愛について語るときには、必ず「父」の語を用いているということです。また多くのたとえ話が、父親を主役としています（マタイ15・13、21・28―30、22・2、ルカ15・11―32、ヨハネ5・19―23、6・32―40、14・2、15・1―8参照）。その中でもとくに有名なのは、福音記者ルカの語る、あわれみ深い父のたとえ（ルカ15・11―32参照）であるのは間違いありません。このたとえ話ではまさに、罪とゆるしの経験に加え、過ちを犯した人にゆるしが届けられる道程についてもはっきり示されています。聖書本文はこのように語ります。「まだ遠く離れていたのに、父親は息子を見つけて、あわれに思い、走り寄って首を抱き、接吻した」（20節）。息子は罰が与えられるだろう、裁かれ、自分に与えられるのはせいぜい雇い人としての身分ぐらいだろうと覚悟していました。ところが息子は、父の抱擁を受けるのです。優しさは、この世の理屈をはるかに超えるものです。正義がなされる思いもよらない方法です。ですから、神はわたしたちの罪を恐れないことを、決して忘れてはなりません。これを肝に銘じましょう。神はわたしたちの罪を恐れることはありません。神はわたしたちの罪よりも偉大なかたです。神は父です。愛であり、優しさなのです。神はわたしたちの罪、過ち、失敗を恐れることはありませんが、わたしたちが心を閉ざすことを恐れています。そうなのです。それが、神を苦しめることです。神は、わたしたちがご自分の愛を信頼しないのを恐れています。神の愛の体験には、大きな優しさの体験があります。そしてこの事実を最初にイエスに伝えたのがまさにヨセフであったことを思うのは、すばらしいことです。事実、神についてのことがらは、いつも人間の経験を介してわたしたちにもたらされるのです。この話を前にしたでしょうか、以前、演劇をしている若者たち、若手の現代的な劇団、「前衛派」が、このあわれみ深い父のたとえ話に衝撃を受け、このテーマ、ストーリーで、現代劇の作品を作ることにしました。そしてそれは成功しました。ストーリーは次のようなものです。父親と疎遠になっていて、家に帰りたいと思っているけれども、父親から追い払われ、罰せられるのではないかと恐れている息子の話を友人が聞いています。そしてその劇では、友人がその息子にいいます。「だれか人をやって、家に帰りたいとの伝言を頼めばいい。お父さんが受け入れてくれるのなら、しるしとして窓辺にハンカチをつけてくれるようにいうんだ。着く前に目につくように」。事はそのように運びます。その作品は歌や踊りを交え、息子が家の近くに差し掛かり視界に入る瞬間に至ります。息子が見上げると、家は白いハンカチで埋め尽くされているのです。一面がです。一枚ではなく、どの窓にも三枚、四枚とあるのです。これが、神のあわれみです。神は、わたしたちの過去に、わたしたちがしてきた悪いことに、ひるみはしないのです。神が恐れるのは、ただ閉じることのみです。わたしたちは皆、決着をつけなければならない勘定があります。ですが、神との精算はすばらしいものです。わたしたちが話し始めれば、神はわたしたちを抱きしめてくださるのですから。なんという優しさでしょう。

というわけで、こうした優しさを味わったことがあるか振り返ってみませんか。その優しさの証人となっているでしょうか。優しさとは本来、感情や感傷がどうこうというものではありません。わたしたちの貧しさと惨めさをそのままに、愛された、受け入れられた、そうして神の愛によって変えられたと感じる体験なのです。

神はわたしたちの才能だけでなく、わたしたちのあがなわれた弱さをも頼りにされます。ですからたとえば聖パウロは、自分の弱さにも計らいがあると述べています。実際、コリントの共同体に次のように書き送っています。「そのために思い上がることのないようにと、わたしの身に一つのとげが与えられました。それは、……わたしを痛めつけるために、サタンから送られた使いです。この使いについて、離れ去らせてくださるように、わたしは三度主に願いました。すると主は、「わたしの恵みはあなたに十分である。力は弱さの中でこそ十分に発揮されるのだ」といわれました」

（二コリント12・7―9）。主はわたしたちの弱さをすべて取り除くことはなさらず、弱さとともに歩んでいけるよう、手を取り、わたしたちを助けてくださいます。主はわたしたちの弱さを受け止め、わたしたちの傍らにいてくださるのです。これが優しさです。

優しさはまさに、わたしたちをごく弱い存在にしているものを通られる神の力を見ることとで経験するのです。ただし、「否定的評価をもってわたしたち自身の弱さを見せつける」悪霊のまなざしから、「優しさをもってそれを明るみに引き出してくれる」（『父の心で』2）聖霊のまなざしへとわたしたちの目が変えられることが条件です。「優しさは、わたしたちの弱い部分に触れるための最高の方法です」（同）。看護師がどのように患者の傷に触れるかを見てください。痛みが増さないように、優しく触れますよね。主も、そうした優しさをもってわたしたちの傷に触れてくださいます。「だから、真実と優しさを体験することで、神のあわれみと出会うこと、とくに、ゆるしの秘跡において」、神との個人的な祈りの中で、「そうすることが大切なのです。矛盾するようですが、悪霊もまたわたしたちに真実を語ることができます（悪霊は嘘つきですが、わたしたちを嘘つきにすべく本当のことを教えようと「画策」します）。ですが、悪霊がそうするのは、わたしたちを非難するためです」。一方、主はわたしたちに真実を語り、それでいてわたしたちを救うために手を差し伸べてくださいます。「わたしたちは、神からもたらされる真理はわたしたちを非難するのではなく、かえってわたしたちを迎え入れ、抱きしめ、支え、ゆるすためのものと知っています」（『父の心で』2）。神は必ずゆるしてくださいます。このことをあなたの頭と心にしっかり刻んでください。神は必ずゆるしてくださいます。わたしたちのほうが、ゆるしを求めることに疲れてしまうのです。でも神は、いつだって、最悪のことですらゆるしてくださいます。

神の父性の映しともいえるヨセフの父性を模範とするのはよいことです。そして、主に、優しさをもって愛していただこうとしているだろうか、それぞれ、主と同じように愛することのできる者に変えられているだろうか、そう振り返ってみるのはよいことです。この「優しさの革命」なくしては――わたしたちには優しさの革命が必要です――、容易には立ち上がれなくさせ、あがないと罰とを混同させる、そうした裁きにがんじがらめになり続ける危険があります。だからこそ、今日わたしは、刑務所にいる兄弟姉妹を特別に思い起こしたいのです。過ちを犯した者がその過ちを償うのは正しいことです。しかし、過ちを犯した者が自らの過ちからあがなわれることもまた、正しいことです。希望という窓が備えられていない刑があってはなりません。どんな刑罰にも必ず希望の窓があるはずです。刑務所にいる兄弟姉妹を思い起こし、彼らに注がれる神の優しさを思いましょう。そうして彼らがその希望の窓から、よりよい人生への道を見つけられるよう祈りましょう。
では、最後に祈りをささげましょう。

優しい父、聖ヨセフよ、
もっとも弱い部分においてこそ愛されるのを
受け入れられるわたしたちになれるよう、導いてください。
わたしたちの貧しさと、神の愛の偉大さの間に、
何の妨げも置かずにいられますように。
神との和解に向かいたいという熱い思いを、
わたしたちのうちにかき立ててください。
ゆるされるとともに、
兄弟姉妹を彼らの貧しさのままに、優しく愛することができますように。
過ちを犯し、それを償っている人々に寄り添ってください。
裁きとともに優しさにも触れ、再出発できるよう彼らを助けてください。

そして再出発の第一歩は、
真摯にゆるしを請い、御父の優しい抱擁を感じることだと
彼らに教えてください。

（二〇二二年一月十九日、パウロ六世ホールにて）

夢を見る人

愛する兄弟姉妹の皆さん、おはようございます。

今日は、聖ヨセフの「夢を見る人」としての姿に焦点を当てたいと思います。聖書では、いにしえの人々の文化でそうであったように、夢は神の啓示の手段と考えられていました（創世記20・3、28・12、31・11、24、40・8、41・1―32、民数記12・6、サムエル上3・3―10、ダニエル2章、4章、ヨブ33・15）。夢は、各人の霊的営みを象徴しています。すなわち内的な空間、一人ひとりが培い守るように求められている場、神がご自身を示され、しばしばわたしたちに語りかけてくださる場です。ですが一人ひとりの内には、神の声だけがあるのではなく、他にも多くの声があることも申し上げておきます。恐怖の声、過去の経験からの声、希望の声などです。また、わたしたちを惑わし、混乱させせようとする悪の声もあります。ですから、それらさまざまな声の中から、神の声を聴き分けることが重要なのです。ヨセフは、そのために必要な沈黙を培うことができ、そして何より、主が内的に語りかけておられるみことばを前に、正しい決断をすることができる人でした。今日は、福音書に記された、ヨセフが主人公の四つの夢を取り上げてみようと思います。神の啓示にどのように向き合うべきかが分かるでしょう。福音書は、ヨセフの四つの夢を語ります。

最初の夢（マタイ1・18―25参照）では、マリアが身ごもっていることを知ってヨセフが抱えた苦悩をいやそうと、天使が励まします。「恐れず妻マリアを迎え入れなさい。マリアの胎の子は聖霊によって宿ったのである。マリアは男の子を産む。その子をイエスと名づけなさい。この子は自分の民を罪から救うからである」（20―21節）。そしてヨセフはすぐさまこれに応じました。「ヨセフは眠りから覚めると、主の天使が命じたとおり、妻を迎え入れた」（24節）。人生は、わけの分からない状況、解決策のないような状況になることも少なくありません。そのようなときに祈るということは、進むべき正しい道を主に示していただくということです。まさに祈りは実にしばしば、そうした状況を解決する、そこから脱するための直感を与えてくれます。親愛なる兄弟姉妹の皆さん。主は、わたしたちがそれに向き合うのに必要な助けも与えずに、問題をそのままになさることは決してありません。主はわたしたちを、独り火の中に投げ入れることはなさいません。獣の中に放りはしません。なさいません。主は、わたしたちに問題を見させたり、問題を露わにされたりするときには、必ず、そこから抜け出すため、それを解決するための、直感を、助けを与え、ご自身の存在を伝えてくださいます。

ヨセフは、幼子イエスの生命が脅かされているときに、啓示的な第二の夢を見ます。そのメッセージは明確です。「起きて、子どもとその母親を連れて、エジプトに逃げ、わたしが告げるまで、そこにとどまっていなさい。ヘロデが、この子を探し出して殺そうとしている」（マタイ2・13）。ヨセフはためらうことなくそれに従います。「ヨセフは起きて、夜のうちに幼子とその母を連れてエジプトへ去り、ヘロデが死ぬまでそこにいた」（14―15節）。人生では、だれしも、自分や、自分の愛する人の存在が危うくなる経験をします。そのような状況において、祈ることはヨセフのように、困難に負けずに立ち向かうための勇気を与えてくれる声に耳を傾けるということです。

エジプトでヨセフは、故郷に帰るための神のお告げを待っていました。まさにそのお告げが、三つ目の夢の内容です。天使はヨセフに、幼子を殺そうとしていた者たちが死んだことを告げ、マリアとイエスを連れて故郷に戻るよう命じます（マタイ2・19―20参照）。ヨセフは「起きて、幼子とその母を連れて、イスラエルの地へ帰って来た」（21節）のです。ところがその帰途において、「アルケラオが父ヘロデの跡を継いでユダヤを支配していると聞き、そこに行くことを恐れた」(22節)とあります。その際に、四つ目の啓示を受けます。「夢でお告げがあったので、ガリラヤ地方に引きこもり、ナザレという町に行って住んだ」(22—23節)。恐れもまた人生には付きもので、そのためにわたしたちは祈りを必要とします。神はわたしたちに、決して恐れを味わうことはないとは約束なさいませんが、ご自分の助けがあれば、恐れによる選択をすることはないと、約束しておられます。ヨセフは恐れを抱きますが、神はその中で導いてくださいます。祈りの力は闇の中に光をもたらすのです。

わたしの胸に今浮かぶのは、人生の重圧に押しつぶされ、もはや希望することも祈ることもできないでいる多くの人のことです。そうした人たちが神との対話に開かれ、光と力と平安を得られるよう、聖ヨセフの取り次ぎを祈ります。また、わが子の困難に直面している親たちのことも思います。さまざまな病を抱えた子、病床にある子、不治の病を抱えた子もいます。そこにある苦痛はどれほどかと。思っていたのとは違う、子どもの同性愛の性的指向を知った親たちもいます。非難の態度に逃げるのではなく、どのようにそれと向き合い、どう子どもに寄り添えばよいのかと。子に先立たれた親たちのことも思います。病気で亡くなった子、そしてこれも悲しいかな毎日のように新聞に載る、悪ふざけで交通事故に遭う少年少女。子の学校の成績が上がらないのに気づいても、どうしてよいか分からない親たち……。親の悩みは尽きません。どうすれば彼らを助けることができるでしょう。わたしはそんな親たちに「恐れないで」と伝えたいのです。確かに苦悩はあります。山ほど。それでも、ヨセフがどのように問題を乗り越えたかを思い出し、ヨセフに助けを求めてください。決して、子どもを責めてはいけません。そうした親たちを思うと、とてもほろりとした気持ちになります。ブエノスアイレスで、同じ思いを抱いたことがあります。バスに乗って刑務所の前を通ったときのことです。囚人との面会に来たのだろう人の行列がありました。母親らしき人たちがいて、その姿にわたしはぐっときました。過ちを犯して刑務所にいる子という問題を前に、母親たちは子を突き放しておかずに、その子としっかり向き合い、寄り添っていました。この勇気です。いつもいつも子に寄り添い続ける、父の勇気、母の勇気です。主がヨセフに与えたこの勇気を、すべての父親と母親に与えてくださるよう主に願いましょう。そして、そのような状況にあるわたしたちを、主が助けてくださるよう祈りましょう。

でも祈りとは、観念的な行為、あるいはひたすら内的な行為とはまったく違うものです。それらは、キリスト教というよりもグノーシス主義的なスピリチュアルな運動が好む行為です。そういったものではありません。祈りは、つねに愛のわざと固く結ばれています。祈りが愛――今述べたような子への愛、あるいは他者への愛――と結ばれたときにのみ、わたしたちは主のメッセージを理解することができます。ヨセフは祈り、働き、愛しました。親にとっての、三大事業です。祈り、働き、愛する――。だからヨセフは、試練に立ち向かうのに必要なものをいつも得ることができたのです。聖ヨセフに信頼し、取り次ぎを祈りましょう。

聖ヨセフ、あなたは夢を見るかた。
霊的生活を取り戻すことを教えてください。
神がご自身を示され、わたしたちを救ってくださる、内的な場となるように。
祈っても無駄との考えを、わたしたちから取り去ってください。
主が示しておられるものにこたえられるよう、一人ひとりを支えてください。
聖霊の光によって思考が照らされますように。
聖霊の力によって心が励まされますように。
神のいつくしみによって恐れから救われますように。アーメン。
（二〇二二年一月二十六日、パウロ六世ホールにて）

聖徒の交わり

愛する兄弟姉妹の皆さん、おはようございます。

この数週間の間、短いけれども貴重な情報を伝える福音書の記述と、教会が何世紀もかけて祈りと崇敬によって浮き彫りにしてきた人物像を頼りに、聖ヨセフについて考察を深めてきました。教会が歴史を通して親しんできた聖ヨセフについての、「共通の感覚」から始め、今日は、信仰宣言の重要な節に焦点を当てようと思います。まさにそれは、わたしたちキリスト者の生を豊かにし、また諸聖人や、死者となった最愛の人たちとの関係を最良のかたちで築くものです。聖徒の交わりのことです。わたしたちは使徒信条をもって、たびたび「聖徒の交わりを信じます」といいます。では聖徒の交わりとは何かと尋ねられたらどうでしょう。小さいころに「聖人たちは聖体拝領をするんでしょ」（訳注：「交わり」と「聖体拝領」は同じ語 comunione）と即答していたのを思い出します。そんな感じで、わたしたちは自分がことばにしていることが理解できていないのです。聖徒の交わりとは何でしょうか。諸聖人が聖体拝領することではありません。そうではないのです。別のことです。

キリスト教も、キリスト教的というより異教的な精神性の影響した信心形態に陥ることがままあります。信じる民としてのわたしたちの祈りや信心は、人間や、絵・像・物品への信頼に基づくものではありません。それらが神聖なものだと知っていたとしてもです。それが根本的な違いです。預言者エレミヤが思い起こさせてくれます。「呪われよ、人間に信頼している人は。……祝福されよ、主に信頼する人は」（エレミヤ17・5、7）。わたしたちは諸聖人の取り次ぎに厚い信頼を寄せ、聖母にはさらに信頼を寄せてはいますが、それでもわたしたちの信頼は、キリストとの関係においてのみ価値をもつのです。向かう先は聖人や聖母で終わるのではありません。そうではないのです。そこに向かうけれども、キリストとの関係の中で、なのです。キリストは、わたしたちをご自分と結び、わたしたちどうしを結ぶきずなであり、そのきずなには特別な呼び方があります。わたしたちどうしを互いに結び、わたしたちをキリストと結ぶ、皆を結ぶこのきずなが「聖徒の交わり」です。聖人が奇跡を行うのではありません。違います。「この聖人はすごく効く……」などといわないでください。聖人が不思議のわざを行うのではありません。神の恵みが、聖人たちを通して働いているというだけです。不思議のわざは神によって行われているのです。神の恵みが、聖なる人、義の人を通して働いているのです。その点をはっきりさせておかなければなりません。「神は信じていないが、この聖人は信頼している」という人がいますが、その人は間違っています。聖人は執り成し手です。わたしたちのために祈ってくれる人で、わたしたちが祈る相手です。だから聖人はわたしたちのために祈り、主がわたしたちに恵みを与えてくださるのです。主が、聖人を通して働いておられるのです。

では、「聖徒の交わり」とは何なのでしょうか。『カトリック教会のカテキズム』にはこうあります。「聖徒たちの交わりが、まさに教会なのです」(946)。なんと見事な定義でしょう。「聖徒たちの交わりが教会である」とはどういう意味でしょうか。教会は、完璧な人たちだけのものだということでしょうか。違います。教会は、救いにあずかった罪人たちの共同体だという意味です。教会は、救いを得た罪人たちの集まりのことです。これは美しい定義です。教会から排除される人はどこにもいません。わたしたちは皆、救われた罪人です。わたしたちの聖性は、キリストにおいて表された神の愛の実りです。キリストは、わたしたちをその惨めさのままに愛してくださり、そこから救ってくださることで、わたしたちを聖なるものとしてくださいます。聖パウロがいうように、やはりキリストのおかげで、わたしたちはただ一つのからだを成すのです。キリストが頭《かしら》で、わたしたちは部分である、一つのからだです（一コリント12・12参照）。キリストのからだというこのイメージと、身体というイメージから、交わりをもって互いに結ばれるという意味が容易に理解できます。聖パウロは次のように述べます。「一つの部分が苦しめば、すべての部分がともに苦しみ、一つの部分が尊ばれれば、すべての部分がともに喜ぶのです。あなたがたはキリストのからだであり、また、一人ひとりはその部分です」（一コリント12・26―27）。パウロがいっているのは、わたしたちは皆で一つのからだであり、信仰によって、洗礼によって皆が結ばれている、つまりイエス・キリストとの交わりにおいて結ばれているということです。これが聖徒の交わりなのです。

親愛なる兄弟姉妹の皆さん。自分の人生の上での喜びや悲しみは、すべての人にかかわることです。そばにいる兄弟姉妹の人生の喜びと悲しみが、自分にかかわることでもあるのと同じです。わたしたちは皆、交わりの中にある、一つのからだの部分なのですから、他者に無関心でいることはできません。その意味で、だれか一人の罪も必ず皆に影響しますし、各人の愛はすべての人に影響します。聖徒の交わり、この結びつきのおかげで、教会の全成員が、深いかたちでわたしとつながっています。わたしが教皇であるから、わたしとかかわっているといっているのではありません。わたしたちは互いに、深いところで結ばれているのです。そしてこのきずなは、死によって断ち切られることがないほど強いものなのです。まさに、聖徒の交わりは、今この時に自分のそばにいる兄弟姉妹だけでなく、地上の旅を終え死者の世界にいる人々との交わりでもあります。すでに亡くなった人もまた、わたしたちとの交わりにあるのです。親愛なる兄弟姉妹の皆さん、考えてみてください。キリストにおいては、何ものも、愛する人とわたしたちとを本当に引き離すことはできません。きずなは実存的なきずなであり、わたしたちの本質にある強いきずなだからです。ともにいるあり方が変わるだけのことで、何ものも、このきずなを断ち切ることはできません。「神父様、信仰を否定した人、教会に背いた人、教会を迫害する人、洗礼後に棄教した人はどうなりますか。その人たちも同じ仲間なのですか」。そうです。彼らも一緒です。神を冒瀆する人も、皆です。わたしたちは兄弟なのです。これが聖徒の交わりです。聖徒の交わりは、地上と天国の信者の交わりを束ねたものです。

その意味で、今そばにいる兄弟姉妹と友情を結べるように、天国にいる兄弟姉妹とも友情を深めることができるのです。聖人たちは、しばしば親しく交わることのできる友人なのです。この聖人に夢中です、あの聖人に傾倒していますというような、聖人への崇敬と呼ぶものの実態はまさに、わたしたちを結ぶこのきずなから生まれる愛の、一つの表現方法なのです。日常生活では、こんなふうにいうことがあります。「この人は、年老いた両親にとても献身的だ」（訳注：夢中、傾倒、崇敬、献身と訳されているのは同じ語 devozione）。いえこれは、愛のあり方、愛の表現法です。わたしたちは皆、友達はいつも頼りになること、とくに自分がつらいとき、助けてほしいときには、頼っていいことを知っています。そしてわたしたちには、天国にも友人がいるのです。だれしも、友が必要です。人生を乗り切るために支えとなる、意義深いかかわりが、だれにとっても必要なのです。イエスにも友がいて、人としての人生でもっとも苦しい場面では友を頼りました。教会の歴史の中で、信者の共同体に寄り添ってきた変わらぬものがいくつかあります。一つ目は何より、神の母、わたしたちの聖母マリアに対してつねに教会が感じてきた、深い愛と深いきずなです。ですが教会は、聖ヨセフに対してもまた、特別な敬意と愛慕を寄せてきました。つまるところ、神はヨセフに、ご自身にあるもっとも尊い存在、すなわち御子イエスとおとめマリアを託されたのです。所属教会名や地名も含め、名前の由来として、そしてまた個別の崇敬対象として、わたしたちの守護者となる諸聖人を、身近な存在として感じることができるのも、やはり聖徒の交わりのおかげです（訳注：諸外国では本名、教会名、地名に聖人の名前があてられることが多い）。そしてこの信頼によってわたしたちは、人生の危機に、聖人たちに助けを求めることができるのです。それは願掛けのたぐいではなく、迷信ではなく、聖人への信心です。神の前にいる兄弟姉妹に、語り掛けているだけのことです。み心にかなう生き方、聖なる生き方、模範的な生き方をした人たちで、今は神のみ前にいる兄弟姉妹です。ですから、その兄弟姉妹に話しかけ、自分に必要なもののために執り成しを頼んでいるのです。

まさにこの理由から、この講話を聖ヨセフへの祈りで締めくくりたいと思います。この祈りにはとくに思い入れがあって、四十年以上毎日唱えています。十八世紀末、つまり一七〇〇年代のイエズス・マリア修道女会の祈禱書から見つけたものです。とても美しい祈りですが、これは祈りである以上に、友であり、父であり、わたしたちの守護者である聖ヨセフへの挑戦なのです。皆さんがこの祈りを覚え、繰り返し祈ってくださったらと思います。読み上げます。「栄光に満ちた父祖、聖ヨセフ。あなたは不可能なことを可能にする力のあるかたです。苦悩と困難にある今この時に、どうか助けに来てください。深刻で困難な状況を、わたしはあなたにゆだねます。あなたの保護のもとに引き受けてください。そうして、よい解決策を得ることができますように。愛する父よ。あなたを心から信頼します。あなたにむなしく祈った、そうなることのないように。あなたはすべてのことを、イエス、マリアとともに行われるのですから、あなたからの恵みが、あなたの力ほどに大いなるものであることを示してください」。この祈りは挑発で結ばれます。聖ヨセフをたきつけることばです。「あなたはすべてのことを、イエス、マリアとともに行われるのですから、あなたからの恵みが、あなたの力ほどに大いなるものであることを示してください」。わたしは四十年以上、毎日この祈りをささげ、聖ヨセフに寄りすがってきました。古い祈りです。

天上の、そして地上の、わたしたちの知るすべての聖人たちとのこうした交わりをもって、勇敢に、進んでいきましょう。主はわたしたちを見捨てることはありません。

（二〇二一年二月二日、パウロ六世ホールにて）

よい死の保護者

愛する兄弟姉妹の皆さん、おはようございます。

先週の聖ヨセフについての連続講話では、諸聖人との交わりの意味について考えました。そこから今日は、よい死の保護聖人である聖ヨセフに、キリスト者がずっと抱いてきた特別な信心について掘り下げてみようと思います。ヨセフはイエスがナザレの家を離れる前に、聖母マリアとイエスに看取られて亡くなったと考えられていたところから生まれた信心です。史実かどうかは分かりませんが、イエスが公生活に入られてからはヨセフの姿が描かれていませんので、ナザレで家族に看取られて亡くなったと考えられています。ですからヨセフは亡くなるまで、イエスとマリアとともにおられたのです。

百年前に教皇ベネディクト十五世は、「わたしたちはヨセフを通してマリアのもとへ行き、マリアを通してすべての聖性の源、イエスのもとへ行く」と書いています。

ヨセフもマリアも、イエスのもとに行くのを助けてくださるのです。そして教皇は聖ヨセフを崇敬する信心業を奨励し、とくにその中の一つを次のようにいって勧めました。「ヨセフは、イエスとマリアに見守られて亡くなっており、臨終の際のもっとも支えとなる保護者とされているので、死の床にある人のためにヨセフに取り次ぎを祈る信心会、たとえば「安らかな死のための会」、「聖ヨセフの旅立ちの会」、「死期を迎える人のための会」（どれも当時の信心会です）などを導き支援することは、司牧者である司教の配慮すべき務めです」（自発教令「ボヌム・サネ」一九二〇年七月二十五日）。

愛する兄弟姉妹の皆さん。こうした言い方やテーマは、過去のものにすぎないと思う人もいるでしょう。ですが実際のところ、わたしたちと死との関係は決して過去のものにはなりません。つねに今ここにあるものです。教皇ベネディクトは数日前、ご自身について「死の暗い扉の前に立っている」とおっしゃいました。九十五歳の教皇がわたしたちにはっきりと語ってくださり、ありがたく思います。「わたしは死の闇の前に、死の暗い扉口にいる」。わたしたちへのすばらしいアドバイスだと思いませんか。いわゆる「豊かな文化」は、死の現実を取り除こうとします。けれどもコロナウイルスのパンデミックは、劇的な方法で再びそれをまざまざと見せつけました。ひどいものでした。死がそこら中にあり、多くの兄弟姉妹は見舞うことがかなわぬまま、愛する人を亡くしました。そのためにいっそう死は受け入れがたく、気持ちの整理が難しくなりました。ある看護師から聞いたことです。コロナに感染した高齢女性が死に際に彼女にいったそうです。「この世を去る前に家族にさようならをいいたい」と。看護師は任せてちょうだいと、携帯電話で家族につないだそうです。そうした死別での温かさが……。

それなのにわたしたちは、自分たちが有限であるという考えを、何が何でも払い除けようとしています。死から力を削《そ》ぎ、恐れを振り払えると自らを欺きます。ですがキリスト教の信仰は、死の恐怖をかなたに追い払うことはしません。むしろ、死の恐怖に向き合えるよう助けるものです。遅かれ早かれ、わたしたちは皆その扉を通るのです。

死の神秘を照らす真の光は、キリストの復活から生じています。その光です。だから聖パウロは次のように書いています。「キリストは死者の中から復活した、とのべ伝えられているのに、あなたがたの中のある者が、死者の復活などない、といっているのはどういうわけですか。死者の復活がなければ、キリストも復活しなかったはずです。そして、キリストが復活しなかったのなら、わたしたちの宣教は無駄であるし、あなたがたの信仰も無駄です」（一コリント15・12―14）。確かなことが一つあります。

キリストは復活されたということです。キリストはよみがえり、わたしたちの間で生きておられるということです。そしてそれが、あの死の暗い扉の向こう側で、わたしたちを待っている光なのです。

愛する兄弟姉妹の皆さん。復活の信仰によってのみ、恐れに飲まれることなく死という深い淵に向き合えるのです。それだけではなく、死にプラスの役割を与えることもできます。キリストの神秘に照らされて死について考えることは、まさに、新たなまなざしで生涯を見つめる助けとなります。霊柩車《れいきゅうしゃ》の背後に死者の引っ越しトラックが続くなんて見たことがありません。霊柩車の後に引っ越しトラック、そんなものは見たことがありません。わたしたちは独りきりで行くのです。死者の服のポケットは空です。何もありません。埋葬布にはポケットがないからです。その意味で死の孤独は真実です。霊柩車の後に引っ越しトラックが続くなんて見たことがありません。わたしたちは、いずれこの世を去るのですから、ため込んでも意味がありません。積み増さなければならないのは、愛の行為です。それは分け合う力、他者の困窮に無関心でいない能力です。いつか死んでしまうのに、兄弟と、友人と、家族と、同じ信仰をもつ兄弟姉妹と、言い争うことに何の意味があるでしょう。立腹することに、だれかに怒ることに何の意味があるでしょう。死を前にすれば、多くの問題は小さなものとなります。和解し、わだかまりや後悔なく死を迎えることができたらすばらしいでしょう。真実をお教えします。わたしたちは皆、その扉に向かっているということです。全員そうです。

福音書は、死は盗人のようにやって来ると教えます。盗人のようにやって来るとイエスはいわれます。その到来をどれほど警戒しようとも、また自分自身の死を計画したとしても、死は依然として向き合わなければならない出来事ですし、それを前にして選択を迫られるものです。

わたしたちキリスト者にとって、二つの大事なことがあります。一つは、死は避けることができないということです。そしてまさにその理由から、患者に対して、人間になしうるかぎりの治療を尽くしてなお、過度の延命措置に固執することは道徳に反するのです（『カトリック教会のカテキズム』2278参照）。神を信じる人、素朴な人は「安らかに旅立たせてあげましょう」とか「安らかに眠らせてあげましょう」というでしょう。これは深い知恵です。二つ目の大事なことは、死そのものの質（QOD＝クオリティ・オブ・デス）に関するもの、痛みや苦しみの質に関するものです。医学がもたらそうと努めているあらゆる助け、いわゆる「緩和ケア」によって、人生の残りわずかな日々を迎える人が皆、できるだけ人間らしい最期を過ごせるようになるのは確かにありがたいことです。けれどもこのケアを、殺人につながる受け入れられない方法と混同しないよう気をつけなければなりません。死に向かう人に寄り添わなければなりませんが、死をもたらしたり、いかなるかたちでも自殺を幇助したりしてはなりません。すべての人のケアと治療の権利が優先されるべきであることを忘れてはなりません。もっとも弱い人を、なかでも、高齢者や病人を、決して見捨てないためです。いのちは権利ですが、死は権利ではありません。受け入れなければならないものであり、供給品ではないのです。そして、この倫理原則は、キリスト者や信者だけでなく、すべての人に当てはまります。ここにある社会問題、まさに実際の問題となっていることについて、はっきりと申し上げておきます。例の「計画」——このことばがふさわしいのか分かりませんが——、老人の死を速めることについてです。特定の社会階層に多く見られる、高齢者には資力がないからと、必要量に満たない投薬しかなされないことがあります。これは非人間的です。助けることになっていません。死に追いやる行為です。人道にもとり、キリスト教的でもありません。高齢者は、人類の宝として大切にされるべきです。老人たちはわたしたちの知恵なのです。話せなくなっても、もうろくしても、老いた人々は人類の知恵そのものであることに変わりありません。わたしたちの前を歩んだ先人であり、数々のすばらしいものを、たくさんの記憶を、幾多の知恵を残してくれました。どうか老人を孤立させないでください。老い先短い者の死を、早めてはなりません。高齢の人を大切にすることには、子どもを大切にするのと同じ希望があります。いのちの始めと終わりはいつも神秘だからです。尊び、寄り添い、世話し、愛するべき神秘なのです。

聖ヨセフの助けによって、できるだけふさわしく、死の神秘を生きることができますように。キリスト者にとってのよい死とは、人生の最後の一瞬までそばにいてくださる神のいつくしみを味わうことです。アヴェ・マリアの祈りでも、わたしたちは聖母に「死を迎える時も」そばにいてくださいと願い求めています。ですからこの講話の終わりに、皆で聖母に祈りをささげたいと思います。死の床にある人のため、この暗い扉を今まさに通ろうとしている人のために、そして悲しむご遺族のために祈りましょう。ではご一緒に、アヴェ・マリア……。

（二〇二二年二月九日、パウロ六世ホールにて）

普遍教会の保護者

愛する兄弟姉妹の皆さん、おはようございます。

今日で、聖ヨセフという人物についての連続講話を終えます。この連続講話は、福者ピオ九世による聖ヨセフを普遍教会の保護者とする宣言一五〇周年にあたっての文書、使徒的書簡『父の心で』を補完するものです。この宣言は何を意味しているのでしょう。なぜ聖ヨセフが「教会の保護者」とされるのでしょう。今日はこの点について、皆さんとともに考えてみたいと思います。

この場合も、正確な理解を助けてくれるのは福音書です。確かに福音書が伝えるところでは、ヨセフをメインキャストとする場面の最後ではつねに、ヨセフは幼子とその母を伴い、神から命じたことを行っています（マタイ1・24、2・14、21参照）。ですから、ヨセフにはイエスとマリアを守る使命があるということが強調されています。ヨセフは二人にとって筆頭の守護者です（教皇庁礼部聖省教令『クエマドモドゥム・デウス』

[*Quemadmodum Deus*: ASS 6 (1870-71), 193]、教皇ピオ九世使徒的書簡『インクリトゥム・パトリアルカム（一八七一年七月七日）』[*Inclytum Patriarcham*: l.c., 324-327] 参照)。「事実、イエスとその母マリアは、わたしたちの信仰のもっとも大切な宝」(『父の心で』5）であり、この宝を聖ヨセフが守っているのです。

救いの計画では、御子を聖母から切り離すことはできません。第二バチカン公会議も説いているように、聖母は「信仰の旅路を進み、十字架に至るまで子との一致を忠実に保った」(『教会憲章』58）かたなのです。

イエスとマリアとヨセフは、ある意味、教会の始原の核です。イエスは人となられたかたであり神、マリアは最初の弟子であり母なるかた、ヨセフは保護者です。ですからわたしたちも、「つねに自問しなければなりません。不可思議なかたちで、わたしたちの責任に、ケアに、保護にゆだねられているイエスとマリアを、全力で守っているだろうかと」(『父の心で』5)。ここに、キリスト者の使命の実に美しい手掛かりがあります。保護するという使命です。いのちを守ること、人間の労働を守ること、人間の精神を守ること、人間の心を守ること、人間開発を守ること、人間の精神を守ること。キリスト者とは、聖ヨセフのようだといえるかもしれません。守護者であるべきです。キリスト者であるとは、信仰を受け取っている、信仰を告白している、というだけではありません。

いのちを守っている、自分自身のいのちを、他者のいのちを、教会のいのちを守っているということでもあるのです。いと高きかたの御子は、とてもか弱い姿でこの世に来られました。イエスはそのように、脆弱《ぜいじゃく》な、か弱い姿でお生まれになりました。かばってもらい、守ってもらい、大切にしてもらわなければなりませんでした。神はヨセフを信頼しておられました。マリアがヨセフを信頼したようにです。マリアにとってヨセフは、自分をいつくしみ、大切にしてくれ、変わらず自分と幼子の面倒を見てくれる夫でした。「その意味で、聖ヨセフが教会の保護者でないはずがありません。なぜなら教会は、キリストのからだの、歴史における継承であり、それと同時に、教会の母性には、マリアの母性が現れているからです。ヨセフは教会を守り続けることで、御子とその母を守り続けており、わたしたちもまた、教会を愛することで、幼子とその母を愛し続けるのです」(同)。

この幼子は後に、「わたしの兄弟であるこのもっとも小さい者の一人にしたのは、わたしにしてくれたことなのである」(マタイ25・40)と教えるようになるかたです。ですから、飢え渇いている人、よそから来た人、難民、服の買えない人、病を患う人、拘束されている人は皆、ヨセフが守る「幼子であるかた」です。わたしたちもこのような人々、こうしたわたしたちの兄弟姉妹を、ヨセフがなさったように、保護するよう求められています。だからヨセフは、困窮者、国を追われた人、苦しむ人、そして先週の講話で話した臨終にある人、そのすべての人の保護者としてより頼む存在なのです。わたしたちもヨセフから、次に挙げるよいものを「保護すること」を学ばなければなりません。幼子とその母を愛すること、諸秘跡と神の民を愛すること、貧しい人と自分の小教区を愛することです。こうした一つ一つの現実の中に、つねに御子とその母がおられるのです（『父の心で』5参照）。わたしたちはそれらを守らなければなりません。そうすることによって、ヨセフがなさったようにイエスを守るのです。

最近は、教会批判、教会の矛盾――山ほど抱えていますから――の指摘、数々の過ちへの追及が少なくありません。それらの過ちは、現実にはわたしたちの矛盾であり、わたしたちの過ちです。教会はいつの時代も、神のあわれみに出会った罪人の集まりだからです。そのままの教会を愛しているか、ご自分の胸によく聞いてみてください。数々の限界を抱えながらも、神への奉仕と愛を強く望む、旅する神の民です。まさしく愛のみが、わたしたちに、部分的にではなく、余すところなく真理を語らせてくれます。間違いを指摘できるようにしてくれるだけでなく、イエスとマリアから始まる、教会に存在する恵みや聖性にことごとく気づかせてくれるのです。教会を愛してくださ い。教会を守ってください。教会とともに歩んでください。ただ教会というのは、司祭の周辺の、皆に命令を出す小集団のことではありません。違います。わたしたち皆で教会です。歩み続けているものです。互いに守り合い、世話を焼き合って歩んでいきましょう。だれかともめたとき、考えてみてください。自分はその人を守ろうとしているか、それともすぐ責め立てていないか。悪口をいい、立場をなくさせていないか。わたしたちは保護者でなければなりません。つねに守る側でいなければなりません。

愛する兄弟姉妹の皆さん。人生でつらいとき、共同体で困難があるとき、聖ヨセフに取り次ぎを願うよう勧めます。わたしたちの過ちが騒ぎを招いたなら、聖ヨセフに祈り、真実を話す勇気、ゆるしを請う勇気、謙虚にやり直す勇気を願い求めましょう。迫害によって福音をのべ伝えることを妨げられるとき、聖ヨセフに祈り、福音への愛をもって、虐げと苦しみを耐える力と忍耐を願いましょう。物や人手が足らず困窮の中にあるとき、とくに、最底辺に置かれている人、寄るべのない人、親のいない子、病者、社会から拒絶されている人に奉仕する使命にあるとき、聖ヨセフにみ摂理を伝えてくださるよう祈りましょう。どれほど多くの聖人たちが、聖ヨセフを頼ってきたことでしょう。過去の教会では、どれほど多くの人が、聖ヨセフを保護者として、擁護者として、父としてきたことでしょう。

そのかたたちの模範に倣いましょう。そういうわけで、今日は皆で一緒に祈りましょう。使徒的書簡『父の心で』の結びに載せた祈りを、聖ヨセフにささげましょう。そして、わたしたちの意向を、とくに、試練の中で苦難にある教会を、聖ヨセフにゆだねましょう。複数の言語で、たしか四言語だと思いますが、配布したものがお手元にあると思います。スクリーンにも表示されるはずです。ご一緒に、ご自分の言語で、聖ヨセフに祈りましょう。

あがない主の保護者、
おとめマリアの夫よ。
神はあなたに御子をゆだね、
マリアはあなたを信頼し
キリストはあなたによって養われ、大人になりました。

聖ヨセフよ、
父親としての姿をわたしたちにも示し、
日々の歩みを導いてください。

恵みといつくしみと勇気が与えられ、
すべての悪から守られるようお祈りください。アーメン。
（二〇二二年二月十六日、パウロ六世ホールにて）

Catechesis on the Letter to the Galatians; Saint Joseph

Ⓒ Dicastero per la Comunicazione - Libreria Editrice Vaticana, 2021, 2022

事前に当協議会事務局に連絡することを条件に、通常の印刷物を読めない、視覚障害者その他の人のために、録音または拡大による複製を許諾する。ただし、営利を目的とするものは除く。なお点字による複製は著作権法第37条第1項により、いっさい自由である。

ペトロ文庫

ガラテヤの信徒への手紙・聖ヨセフ――教皇講話集　定価はカバーに表示してあります

2025年3月28日　第1刷発行　日本カトリック司教協議会認可

著　者　教皇フランシスコ

編訳者　カトリック中央協議会事務局

発　行　カトリック中央協議会

〒135-8585 東京都江東区潮見2-10-10 日本カトリック会館内

☎03-5632-4411（代表）、03-5632-4429（出版部）

https://www.cbcj.catholic.jp/

Ⓒ 2025 Catholic Bishops' Conference of Japan,　Printed in Japan

印刷　株式会社精興社　ISBN978-4-87750-255-3 C0116

乱丁本・落丁本は、弊協議会出版部あてにお送りください

弊協議会送料負担にてお取り替えいたします

ペトロ文庫発刊にあたって

カトリック中央協議会事務局長　酒井俊雄

カトリック中央協議会の主要な任務の一つは、カトリック教会の教義をひろめ、信者を教化育成し、布教の推進を円滑にするための業務および事業を行うことにあります。とくに、教皇および教皇庁、また日本カトリック司教協議会の公文書を日本のカトリック教会と社会に向けて提供し続けることは、当協議会の重要課題であると自覚しています。

この使命を遂行するため、ここにペトロ文庫を発刊することとなりました。ペトロは、十二使徒のかしらであり、ローマの初代司教であり、カトリック教会の初代教皇です。使徒たちの後継者である司教は、ペトロの後継者である教皇との交わりのうちに、人々に奉仕します。とりわけ、信仰と道徳に関して教えるとき、つまり教導職を果たすとき、この交わりは不可欠です。そこで、カトリック中央協議会が新たに発刊する文庫に、初代教皇の名をいただくことといたしました。皆さまが教会公文書により親しむための一助となれば、望外の幸せです。

二〇〇五年十月